VORTRÄGE UND AUFSÄTZE
herausgegeben vom
Verein für Hamburgische Geschichte
Heft 19

ADOLF BUEHL
AUS DER ALTEN RATSSTUBE
ERINNERUNGEN 1905-1918

Bearbeitet von
Hans-Dieter Loose

HANS CHRISTIANS VERLAG
HAMBURG 1973

© Hans Christians Verlag, Hamburg 1973
Alle Rechte, auch die des auszugsweisen Nachdrucks
und der fotomechanischen Wiedergabe vorbehalten
ISBN 3-7672-0227-1   Printed in Germany

INHALT

Vorkriegszeit 1
Senatssitzung 1
Geschäftsgang 10
Senatskollegium 15
Senatswahl, Ornat 21
Repräsentation 27

Kriegszeit 33

Persönliche Erinnerungen an Mitglieder des Senats 36
Bürgermeister Dr. Mönckeberg 36
Bürgermeister Dr. Burchard 39
Bürgermeister Dr. Predöhl 42
Bürgermeister Dr. von Melle 44
Syndikus Roeloffs 46

Nachwort des Bearbeiters 53

Personenregister 59

VORKRIEGSZEIT

SENATSSITZUNG

Ich trat im Juli 1890 von Lüneburg aus in den hamburgischen Staatsdienst über, war bis 1897 Staatsanwalt und wurde sodann – nach des ausgezeichneten Reorganisators unseres Armenwesens, Dr. Münsterberg, unfreiwilligem Ausscheiden – an die Spitze des Armenwesens berufen. In dieser Tätigkeit habe ich wohl die Aufmerksamkeit des Senats auf mich gezogen; denn am 20. 2. 1905 empfing ich ein Schreiben des Präsidenten des Senats, Bürgermeister Dr. Mönckeberg, mit der Anfrage, ob ich bereit sei, eine auf mich fallende Wahl zum Senatssekretär anzunehmen. Ich erklärte meine Zustimmung und wurde am 22. 2. zum Senatssekretär erwählt. Bereits in der folgenden Senatssitzung leistete ich den neuen Amtseid mit dem Gelöbnis „über alles, was im Senate verhandelt und beschlossen wird und was sich zu verschweigen gebührt, die strengste Verschwiegenheit zu beobachten". Dann nahm ich meinen Platz am unteren Ende des Senatstisches ein. Auf dem Platze fand ich eine größere Anzahl von Drucksachen, insbesondere die Geschäftsordnung des Senats und die sogenannten Commissoria perpetua, eine gedruckte Sammlung von Senatsbeschlüssen allgemeiner Art, vor.

Der Sitzungssaal des Senats, in dem ich während der nun folgenden 23 Jahre einen um den andern Nachmittag zugebracht habe, ist ein Raum von mäßiger Größe, ohne Fenster, mit einfallendem Licht, der bei eintretender Dunkelheit durch eine angenehme, nicht blendende Deckenbeleuchtung erhellt wird. Die pultartigen Sitze der Senatsmitglieder sind hufeisenförmig angeordnet; an der Querseite an freistehendem Tische mit zwei hochlehnigen lederbezogenen Sesseln unter einem von Hamburger Damen mit dem großen Staatswappen bestickten Baldachin die beiden Bürgermeister, an den beiden Längsseiten auf sesselartigen, lederbezogenen Stühlen die Senatoren, Syndizi und Senatssekretäre.

Nach der Verfassung durfte kein Senator das Amt des Bürgermeisters länger als zwei Jahre hintereinander bekleiden. Bis in meine Amtszeit hinein bestand die Übung, daß der Polizeiherr im Falle seiner Erwählung zum Bürgermeister sein Amt mit einem andern, weniger exponierten zu vertauschen hatte. In der Regel alternierten als Bürgermeister die drei ältesten rechtsgelehrten Senatoren; ich habe daneben den klugen und trefflichen kaufmännischen Senator O'Swald als zweiten Bürgermeister erlebt. Der Wechsel im Amte pflegte in der Weise vor sich zu gehen, daß der zunächst zum zweiten Bürgermeister Erwählte im folgenden Jahr erster Bürgermeister wurde und dann für ein Jahr wieder in den Senat zurücktrat. Dem Senate stand die Anrede „Hoher Senat" zu. Die Bürgermeister führten das Prädikat „Magnifizenz", das gewohnheitsmäßig auch während des Jahres, für das ein Bürgermeister von seinem Amt in den Senat zurückgetreten war, angewendet wurde. Obwohl die Bürgermeister durch die Platzordnung und durch den Amtstitel aus der Reihe der Senatoren herausgehoben waren, hielt man doch streng daran fest, daß sie den Senatsmitgliedern gegenüber nicht in eine Art von Vorgesetztenstellung hineinwuchsen, sondern „primi inter pares" blieben. Da der Senat 18 Senatoren (membra in senatu mit beschließender Stimme), 4 Syndizi und 2 Senatssekretäre (membra de senatu mit beratender Stimme) zählte, hatten an jedem der beiden Längstische 8 Senatoren, 2 Syndizi und 1 Senatssekretär ihren Platz. Für die Reihenfolge der Plätze war das Dienstalter maßgebend, und zwar in der Weise, daß der älteste Senator rechts, der nächstälteste links vom Bürgermeistertisch anschloß und nach diesem Prinzip die weitere Reihenfolge der Plätze sich regelte. Trat ein Bürgermeister vom „Präsidat" zurück, nahm er auf der Seite, auf der er früher gesessen, den ersten Platz ein, auch wenn infolgedessen ein dem Dienstalter nach älterer Kollege auf den zweiten Platz rücken mußte. Kam nun der neuerwählte Bürgermeister von derselben Seite wie der im Amte verbleibende, während der zurücktretende Bürgermeister zu der anderen Seite zählte, so ergab es sich, daß auf der einen Seite 9, auf der anderen nur 7 Senatoren saßen. Dann wechselte ein Syndikus von der stärker zu der schwächer mit Senatoren besetzten Seite hinüber, wo er so lange verblieb, bis sich mit der Bürgermeisterwahl oder durch eine Neuwahl wieder ein Ausgleich bei den Senatoren vollzog; diesen Syndikus nannte man den „Spring-Syndikus".

An den Senatssitzungen nahmen auch die ständigen Hilfsarbeiter des Senats (drei, später vier an der Zahl) teil, von denen einer zugleich als

Vorstand der Senatskanzlei fungierte und in deren Räumen sein Amtszimmer hatte. Im Sitzungssaale befand sich rechts und links vom Bürgermeistertische je ein Pult. Diese Pulte wurden von dem Vorstande der Senatskanzlei, der in der Senatssitzung das Protokoll führte, und einem seiner älteren Kollegen eingenommen, während der dritte und vierte Hilfsarbeiter nur behelfsmäßig an schmalen Seitentischen untergebracht werden konnten.

Außer einer zweiflügeligen Schiebetür gegenüber dem Bürgermeistertische war an den vier Ecken des Raumes je eine doppelte, schallsichere Tür angebracht. Durch diese Türen wurden während der Sitzung von einem Senatsdiener eilige Aktenstücke hineingereicht oder dringliche Bestellungen vermittelt, die auf Anpochen von dem nächstsitzenden Senatssekretär oder Hilfsarbeiter entgegengenommen und weitergeleitet wurden. Der „Herr bei der Klappe", von dem Otto Beneke in seinen „Hamburgischen Geschichten und Denkwürdigkeiten (Aus der Ratsstube 1690–1790)" spricht, hatte sich also im neuen Rathause vervierfacht.

Amtszimmer standen im Rathause für die Mitglieder des Senats im allgemeinen nicht zur Verfügung. Eine Ausnahme machten die Präsides der wenigen, im Rathause selbst untergebrachten Behörden. Von diesen Amtsräumen machten jedoch die Präsides nur sporadisch Gebrauch; in der Regel arbeiteten sie, wie auch die meisten übrigen Herren, in ihrer Wohnung.

Meine erste Amtshandlung in der Senatssitzung war die Mitwirkung bei der Vereidigung der neu aufgenommenen Bürger zu Beginn der Sitzung. Solche Vereidigungen fanden in der Regel in zwei Plenarsitzungen wöchentlich statt; vor den Wahlen pflegte sich die Zahl der neuen Bürger derart zu vermehren, daß auch die dritte Sitzung noch mit hinzugenommen werden mußte. Es war sicherlich ein richtiger Gedanke, diese Vereidigungen vor versammeltem Senate vorzunehmen und dadurch jedem Bürger Gelegenheit zu geben, seine höchste Obrigkeit einmal im Leben von Angesicht zu Angesicht zu schauen. Der Eindruck des feierlichen Aktes vor dieser Versammlung ehrwürdiger Männer war denn auch bei den Bürgern durchweg ein großer und bleibender.

Geführt von dem Rathausinspektor Leib, einem alten Feldwebel von den 76ern, zogen die Bürger, meist dunkel gekleidet, durch die dem Bürgermeistertische gegenüber befindliche Schiebetür in den Sitzungssaal ein und nahmen im Innern der hufeisenförmig angeordneten Tische Aufstellung. Sobald Leib die vordersten Reihen in schicklicher Distanz vom Bürgermeistertisch aufgebaut hatte, schoß er mit der Fixigkeit eines Schäferhundes am Senatstisch entlang um seine Schar herum, um nun von hintenher die Aufstellung zu vollenden, wobei man ihn mit verhaltener Stimme „nach vorn aufschließen" rufen hörte. Inzwischen war der jüngste Senatssekretär mit der von der Aufsichtsbehörde für die Standesämter aufgestellten Namensliste vorn seitwärts des Bürgermeistertisches hingetreten und nahm den Namensaufruf der etwa 60 Bürger – mit sämtlichen Vornamen – vor. Die eigentliche Feststellung der Präsenz war schon in der Senatskanzlei vorausgegangen, so daß vor versammeltem Senat eine Antwort der Aufgerufenen mit dem sonst üblichen „hier" nicht mehr zu erfolgen hatte. Trotzdem erschallte mitunter ein kräftiges „hier" von einem, der, von den ungewohnten Eindrücken hingenommen, mit seinen Gedanken anderswo weilen mochte. Nach dem Namensaufrufe fuhr der Senatssektretär fort: „Magnifizenz, die Genannten sind erschienen und bitten um geneigte Abnahme des Bürgereides." Nun sprach der Präsident die Eidesformel mit dem Gelöbnis, „das Beste der Stadt zu suchen und Schaden von ihr abzuwenden", langsam und feierlich vor, worauf die Bürger im Chor die Worte: „Ich schwöre es, so wahr mir Gott helfe" sprachen. Der Senat verharrte bei der Eidesleistung in sitzender Stellung. Der Ehrgeiz des Rathausinspektors war es jetzt, den Saal möglichst schnell wieder frei zu machen. Sobald die Bürger den Saal verlassen hatten, verschloß er die Schiebetür von innen und entfernte sich eiligst durch eine der Seitentüren. Nun konnten die Verhandlungen ihren Anfang nehmen.

Über den Sitzungen des Senats lag nach außen hin der Schleier eines undurchdringlichen Geheimnisses. Der vornehm-feierlichen Stimmung, die über dem Senatskollegium schwebte, habe ich mich nie entziehen können; sie erlitt auch in der jahrelangen Gewöhnung keine Einbuße. Alle Herren trugen Frack und weiße Halsbinde. An den drei ordentlichen „Ratstagen" (Montag, Mittwoch und Freitag) begab man sich im schwarzen Anzug und Zylinderhut zum Rathaus und legte in der Garderobe, wo jedem Herrn ein Schrank zur Verfügung stand, Frack und weiße Binde an. Daß die Sitzungsfräcke sich aus den abgedankten Gesellschaftsfräcken rekrutierten und gar manchmal nicht mehr voll auf der Höhe waren, tat dem feierlichen Gesamtbilde keinen Abbruch. Dem äußern Eindruck entsprach die auf einen vornehmen und würdigen Ton abgestimmte Verhandlungsform. Als ich in den Senat eintrat, lag das Präsidat in den Händen der Bürgermeister Dr. Mönckeberg und Dr. Burchard. Beide waren Vorsitzende, die ihres Amtes mit Sachkunde,

Würde und feinem Taktgefühle walteten. Jedes Senatsmitglied brachte ihnen Anerkennung und Verehrung als selbstverständlichen Zoll entgegen.

Nur selten ist es im alten Senate (bis zur Revolution von 1918) zu wirklich erregten Debatten gekommen. Im allgemeinen floß die Verhandlung ruhig dahin. Zunächst sprach der Referent, manchmal gar zu ausführlich. Ich selbst bin, namentlich zu Anfang, diesem Fehler auch nicht ganz entgangen. Einmal, weil ich davon ausging, daß in der höchsten Instanz die Sache völlig ausgeschöpft werden müsse; sodann aber auch, weil dem neu in den Senat Eintretenden niemand mit entsprechendem Rate zur Hand ging. Man vermied eben ängstlich alles, was als Beeinflussung des Referenten oder als Beeinträchtigung seiner Unabhängigkeit hätte ausgelegt werden können. Natürlich wichen Art und Gepflogenheit der einzelnen Referenten sehr voneinander ab. Doch kann gesagt werden, daß die einfacheren Sachen – und das war die große Mehrzahl – durchweg schnelle und glatte Erledigung fanden. Bei großen und grundsätzlich bedeutsamen Sachen pflegten alle oder doch die meisten Senatoren ihren Standpunkt darzulegen. Sonst sprach meist nur ein kleinerer Kreis, in der Regel immer dieselben Herren. Jeder Redner leitete seine Ausführungen mit der Anrede „Magnifizenz" (als Abkürzung von „Euer Magnifizenz") ein. Das geschah auch von Seiten des Präsidenten selbst, der sich dabei mit einer leichten Verneigung an den neben ihm sitzenden zweiten Bürgermeister wandte. Die Anrede „Magnifizenz" wurde im Laufe des Vortrags mehr oder weniger häufig wiederholt, von manchen Rednern so oft, wie das bei Parlamentsreden mit den Worten „meine Herren" üblich war. Als ich in den Senat eintrat, pflegten die Mitglieder de senatu sich nur in den von ihnen selbst vorgetragenen oder ihr Ressort betreffenden Angelegenheiten an der Debatte zu beteiligen. Wollte ein Mitglied de senatu in einer „fremden" Sache das Wort nehmen, so leitete es seine Ausführungen mit einer Wendung wie „wenn ich zu dieser Sache ein Wort sagen darf" oder ähnlich ein, eine Einschränkung, die später mehr und mehr in Fortfall kam.

Eingriffe des Vorsitzenden in den Gang der Verhandlung gehörten zu den Seltenheiten, höchstens, daß er gelegentlich Abschweifungen rügte oder eine sich in die Länge verlierende Diskussion abschnitt. In der Geschäftsordnung des Senats vom 2.4.1900 hieß es, daß „in der Regel" die Hälfte der Mitglieder des Senats in Hamburg anwesend sein müsse. Das war also keine schlechthin zwingende Vorschrift, und so konnte es vorkommen, daß in den Bürgerschaftsferien, wo ohnehin die Montagssitzung ausfiel, nur vielleicht vier oder fünf Senatoren an der Sitzung teilnahmen. Bürgermeister Lehmann soll sogar, wie erzählt wurde, in seiner etwas selbstbewußten Art erklärt haben: „Wenn ich und der Protokollführer anwesend sind, ist der Senat beschlußfähig." Wünschte ein Senator zu verreisen, so war er nicht etwa gehalten, vom Präsidenten Urlaub zu erbitten, sondern er zeigte diesem nur an, daß er z.B. auf einen Monat (das war die übliche Zeitspanne) zu verreisen beabsichtige, natürlich unter Angabe der Daten. Das teilte der Präsident dann in der nächsten Sitzung dem Senate mit und gab gleichzeitig Aufklärung, wie die Vertretung der Abwesenden geregelt sei.

Bei der Abstimmung stimmte der Vorsitzende, in der Regel also der erste Bürgermeister, zuerst ab; dann folgte der zweite Bürgermeister. Bei den Senatoren ging, jahrweise abwechselnd, die Reihe einmal rechts, einmal links herum, dergestalt, daß der an der betreffenden Seite obenansitzende Senator zuerst abstimmte und sich ihm die auf derselben Seite sitzenden Senatoren der Reihe nach, also von oben nach unten hin, anschlossen. Dann ging es zur andern Seite hinüber, wo sich die Abstimmung von unten nach oben vollzog. Stimmenthaltungen oder protokollarische Erklärungen zur Abstimmung kamen nur vereinzelt vor. Die Zählung der Stimmen war Sache des Protokollführers; im Zweifelsfalle wurde die Abstimmung wiederholt. Bei Stimmengleichheit war die Abstimmung auf Wunsch der Mehrheit in derselben Sitzung, sonst in einer spätern Sitzung zu wiederholen. Ergab sich dann wieder keine Mehrheit, so entschied (außer in Gnaden- oder Dispensationssachen, wo die dem Gesuchsteller günstigere Auffassung galt) der Vorsitzende...

Eine besondere Stellung nahm in der hamburgischen Verwaltung die Finanzdeputation ein, die in jeder eine Geldaufwendung erfordernden Angelegenheit gehört werden sollte. Entgegen dem Votum der Finanzdeputation eine Sache im Senate durchzubringen, war schwierig; ganz besonders, wenn deren Standpunkt durch einen Mann von dem Ansehen, der Erfahrung und Beredsamkeit Bürgermeister Mönckebergs vertreten wurde...

Den Verhandlungen des Senats lag eine Tagesordnung zu Grunde, die, in Steindruck hergestellt, allen Herren des Senats tags zuvor oder am Morgen des Sitzungstages von der Senatskanzlei mit den jeweiligen Druckvorlagen übersandt wurde. Wer in der nächsten Sitzung eine Sache vorzutragen wünschte, meldete sie beim Protokollführer mittels Vordrucks an. Dringliche Sachen waren als solche zu bezeichnen und wurden dann mit dem Vermerk „dringlich" den übrigen vorangesetzt. Nach

Eröffnung der Sitzung nahm zunächst der Vorsitzende Veranlassung, dem Senate geschäftliche Mitteilungen zu machen oder irgendeine ihm dazu geeignet erscheinende Sache „anzusprechen". Dann gelangten die dringlichen Sachen zur Verhandlung. Es folgten die sog. „Durchrufsachen": Reichs- und auswärtige Angelegenheiten, Handels- und Schifffahrtssachen, Finanzsachen, Bausachen, Justizsachen, späterhin auch Unterrichtssachen wurden vom Vorsitzenden „durchgerufen". Der betreffende Referent (hier meist der Präses der Behörde selbst) konnte dann laufende Angelegenheiten, vor allem auch Personalsachen, aus seinem Verwaltungsbereiche zum Vortrage bringen. Dann folgten die zur Tagesordnung angemeldeten, nicht dringlichen Sachen und schließlich etwaige, den einzelnen Referenten noch während der Sitzung zugegangene eilige Sachen, die, falls schnelle Entscheidung geboten war, noch beim Vorsitzenden zum Vortrage angemeldet werden konnten. Die wichtigern und größern Sachen wurden durch Drucksachen, die unter den Herren des Senats vorher, meist mit der Tagesordnung, verteilt wurden, vorbereitet. Das galt ausnahmslos bei den zu erlassenden Senatsverordnungen oder bei Vorlagen für die Bürgerschaft, über deren Redaktion es öfter längere Erörterungen gab. Nach Vornahme etwa beschlossener Änderungen wurden dann die für die Bürgerschaft bestimmten Druckvorlagen vom Referenten an die Senatskanzlei mit dem Auftrage übermittelt, den Reindruck für die Bürgerschaft zu veranlassen. Das geschah bei Lütcke & Wulff, „E. H. Senats Buchdruckern", die an jedem Ratstage bis zum Abend arbeitsbereit waren, um dringliche Drucksachen noch an demselben Nachmittag oder Abend drucken und gegebenenfalls an die Bürgerschaft, die am Mittwochabend ihre ordentliche Sitzung hatte, weiterleiten zu können. Für vertrauliche Behandlung von Geheimsachen bestand volle Gewähr. Der Druck solcher Sachen wurde von einem der Firmeninhaber unter Hinzuziehung eines alten erprobten Faktors besorgt.

Nach Schluß der Sitzung brach, wer konnte, schnell auf. Der Präsident, der in der Regel noch eilige Unterschriften zu leisten oder dem Protokollführer Weisungen zu erteilen hatte, blieb im Saale zurück, wo sich dann auch für die Senatsmitglieder Gelegenheit bot, ihn zu sprechen. Ebenso pflegten stets einige der Referenten im Anschluß an die Sitzung noch die Protokollstellen auszuarbeiten oder die schon vorbereiteten Protokolle dem Verlaufe der Verhandlung entsprechend zu vervollständigen. Jeder Referent übergab die Protokollstellen über die von ihm vorgetragenen Sachen dem Protokollführer oder dem nach der Sitzung im Saal erscheinenden Bürovorsteher der Senatskanzlei; war die Protokollstelle noch nicht zu Papier gebracht, so konnte sie im Laufe der nächsten Tage nachgeliefert werden. Die Aufgabe des Protokollführers erschöpfte sich also darin, das Gesamtprotokoll in der gehörigen Reihenfolge zusammenzustellen. Nur über die Mitteilungen des Präsidenten nahm der Protokollführer eine kurze Protokollstelle auf.

Zwischen den beiden Garderoben, nach dem Alten Wall zu, befand sich hinter dem Sitzungssaal ein behaglicher Raum mit bunten Fenstern, die sog. Senatslaube, in der man sich vor der Sitzung traf und die man auch während der Sitzung zum Zwecke von Rücksprachen oder zur Einnahme einer Erfrischung aufsuchte. Hier waren in guten Zeiten Rotwein, Sherry, Kognak, Selterwasser, im Sommer auch Zitronenlimonade, sowie verschiedene Sorten Keks aufgebaut. In der Laube konnte man auch Verhandlungen fachspezialistischer Art, an denen man weder beteiligt, noch interessiert war, abwarten. Es kam vor, daß zeitweilig mehr Herren in der Laube sich aufhielten als im Sitzungssaal, bis dann eine Abstimmung oder eine durch den Protokollführer übermittelte leise Mahnung des Vorsitzenden die Abwesenden in den Saal zurückrief.

Auf den sachlichen Inhalt der zahllosen Senatssitzungen, die ich erlebt habe, will ich nicht näher eingehen. Nur ein paar kurze Bemerkungen über einzelne Episoden mögen hier Platz finden. Bald nach meinem Eintritt in den Senat stand die Wahlrechtsvorlage von 1905 zur Erörterung, bei der die Geister mit unerhörter Heftigkeit aufeinanderplatzten. Um einer von der Mehrheit als staatsgefährlich erachteten Überhandnahme der sozialdemokratischen Bürgerschaftsabgeordneten vorzubeugen, brachte der Senat bei der – im Vorwege für dieses Vorgehen gewonnenen – Bürgerschaft eine Vorlage ein, die auf eine Kontingentierung des sozialdemokratischen Einflusses hinauslief. Die Einführung des Verhältniswahlrechts und des passiven Wahlrechts der Beamten, vor allem aber eine Einteilung der Wähler in zwei Gruppen dergestalt, daß für die allgemeinen Wahlen die Wähler mit einem Einkommen von weniger als 2500 Mk ein Drittel, die mit einem höhern Einkommen zwei Drittel der Sitze zu besetzen hatten, waren der hauptsächliche Inhalt der Vorlage. Ich habe mich damals, obwohl aus den Gefilden sozialer Arbeit kommend, durch die Anhänger der Vorlage, vor allem durch deren glänzende Vertretung von Seiten des Senatsreferenten, Syndikus Dr. Schaefer, von deren Notwendigkeit im Staatsinteresse überzeugen lassen. Doch bin ich späterhin zu der Auffassung gelangt, daß die von den beiden Bürgermeistern geführte Opposition den richtigern Standpunkt vertrat. War doch schon in den Notabeln- und in den Grundeigentümer-Wahlen mit ihren zusammen achtzig Sitzen ein Damm gegen sozialdemokratische Überflutung aufgerichtet. Schon gleich nach Annahme des Ausnahmegesetzes empfingen dessen Urheber ihre Quittung in Gestalt der Bildung der Fraktion der Vereinigten Liberalen, in der sich die Gegner der Vorlage aus den bürgerlichen Parteien unter Führung zweier Senatorenabkömmlinge, Dr. Petersen und Dr. Braband, zu einer bürgerlich-demokratischen Partei zusammenfanden, die in den meisten großen politischen Fragen dem Zusammengehen mit der Sozialdemokratie geneigt war.

Auf dem Gebiete gemeindlicher Sozialpolitik war der Senat, trotz der damals vorhandenen großen Mittel und der in der geringen Ausnutzung der Steuerkraft der Besitzenden noch liegenden erheblichen Reserven, reichlich zurückhaltend. Das galt vor allem von der Wohnungspolitik. Die „Unbegreiflichkeit" der Steinwüsten des Hammerbrook lag schon etwas zurück. Aber auf die hohen Grundstückspreise für sein baureifes Gelände wollte der Staat nicht verzichten. Und an der von volkshygienischen Gesichtspunkten nicht allzu stark angekränkelten Bauordnung ließen die Herren Hausagrarier nicht viel rütteln. So war es allen Teilen recht, daß der private Bau- und Sparverein, an dessen Spitze der als Sozialpolitiker in den Senat gewählte Dr. Traun, großer Fabrikherr und Förderer des Volksheims, stand, mit der Schaffung einwandfreier Wohnungen voranging, womit doch wenigstens das Gesicht gewahrt wurde. Dem heftigsten Widerstand Bürgermeister Mönckebergs begegnete z. B. im Senate die Einführung eines neuen gesundheitsgemäßen Schulbanktyps in Verbindung mit der zu den Selbstverständlichkeiten moderner Schulhygiene zählenden Forderung einer Mindestbodenfläche von 1 qm je Kind in den Klassenräumen neu zu errichtender Volksschulhäuser. In Arbeiterfragen konnte sich der Senat von dem Standpunkt des wohlwollenden Arbeitgebers vielfach nicht freimachen. Als ich einmal der Ausdehnung des beim Arbeitsnachweise für ungelernte Hafenarbeiter bewährten Prinzips paritätischer Leitung auf die noch ganz von den Arbeitgebern beherrschten Facharbeiter-Nachweise in vorsichtigen Andeutungen das Wort redete, da tönten mir aus dem Munde des Senators Dr. Traun Kassandra- (oder Entrüstungs-?) Laute entgegen, wie ich sie im Senate nicht wieder vernommen habe.

War wieder einmal ein arbeitsreiches Jahr im Senate zu Ende gegangen, so wünschte am Schlusse der letzten Sitzung des alten Jahres der

Präsident den Herren ein glückliches neues Jahr. Nun erhoben sich alle Anwesenden und beglückwünschten sich gegenseitig, womit für die Senatsmitglieder die amtlichen Neujahrsbesuche als erledigt galten.

Am Neujahrstage fand beim ersten Bürgermeister offizielle Beglückwünschung statt; anfänglich in der Wohnung, nach Fertigstellung des neuen Rathauses im Bürgermeisteramtszimmer. Da erschienen das Präsidium und viele Mitglieder der Bürgerschaft, die Spitzen der Militär- und Zivilbehörden, das gesamte diplomatische und Konsular-Korps sowie zahlreiche angesehene Bürger, vor allem aus dem Kreise der Kaufmannschaft...

GESCHÄFTSGANG

Bevor ich in den Senat berufen wurde, hatte ich sieben Jahre als Staatsanwalt im Justizdienst und acht Jahre als Direktor des öffentlichen Armenwesens in der Verwaltung gearbeitet. Die Tätigkeit bei der Staatsanwaltschaft ist durch reichsgesetzliche Vorschriften einheitlich... in einer Weise geordnet, die schnelles Zupacken und promptes Arbeiten unbedingt gewährleistet. Als Direktor des öffentlichen Armenwesens trat mir sogleich die „Eigenart" der hamburgischen Verwaltung entgegen. An der Spitze des Armenwesens stand nicht der Direktor, sondern das aus drei Senatsmitgliedern, einem von der Finanzdeputation abgeordneten Mitgliede und fünfzehn von der Bürgerschaft erwählten Mitgliedern bestehende Armenkollegium, in dem der Direktor nicht einmal Sitz und Stimme hatte. Man hatte mich vor dem Eintritt in die hamburgische Verwaltung gewarnt, da durch das Deputationswesen die Stellung der höhern Verwaltungsbeamten herabgedrückt und ein lähmender Einfluß auf den Gang der Geschäfte ausgeübt werde. Als ich dem Präses, Senator Dr. Hachmann, die Frage stellte, ob sich aus jener – wie ich es zunächst empfand – Herabsetzung keine Nachteile für meine Arbeit ergeben würden, verneinte er das unter Hinweis auf eine ähnliche Situation im Senat. Dort übe auch einer der Herren ohne Stimmrecht (gemeint war Syndikus Roeloffs) weitreichenden Einfluß aus. „Bringen Sie gute Sachen", so fügte er hinzu, „brauchen Sie Ihre Stimme nicht; bringen Sie schlechte Sachen, nützt sie Ihnen nichts." Wenn ich tatsächlich alsbald entscheidenden Einfluß im Armenkollegium gewonnen und das Stimmrecht nicht vermißt habe, so kam mir dabei zweierlei zustatten: einmal die überragende Persönlichkeit des Präses, der mir von vornherein volles Vertrauen entgegenbrachte und mich dem Kollegium gegenüber stets deckte; sodann der Umstand, daß die Regelung der Zuständigkeit dem einmal im Monat tagenden Armenkollegium nur wenig Gelegenheit zu hindernden Eingriffen bot. Zudem gewährten Armengesetz und Geschäftsordnung dem Präses in weitgehendem Umfange die Möglichkeit, in dringlichen Fällen an Stelle der Behörde im Vorwege zu entscheiden. Das lag wesentlich anders bei den großen, allwöchentlich tagenden Behörden, wie Finanzdeputation und Baudeputation, denen, abgesehen von nicht aufschiebbaren Fällen, alle Sachen zur Beschlußfassung zu unterbreiten waren. – Jedenfalls hatte ich während meiner achtjährigen Tätigkeit als leitender Oberbeamter durch den amtlichen Verkehr mit dem Senat und der großen Mehrzahl der Behörden hinreichende Gelegenheit gehabt, die Arbeitsweise der Behörden und die der Hamburgischen Verwaltung anhaftenden Mängel kennenzulernen.

Beim Senate wurde zweifellos gründlich und gewissenhaft gearbeitet. Aber die Übelstände beruhten ja im wesentlichen auf einer den Zeitverhältnissen nicht mehr entsprechenden Gesetzgebung und Verwaltungsorganisation und mußten daher an der Zentrale ganz besonders in die Erscheinung treten. So unterlag denn die Arbeit beim Senate mannigfachen Hemmungen und ging, von den sog. laufenden Sachen sowie von vordringlichen Sachen abgesehen, im allgemeinen nur langsam, vielfach schleppend vonstatten.

Eine besondere Behandlung erfuhren die zahlreichen Reichskanzlerschreiben, die bei der, durchweg von einem der Bürgermeister geleiteten Senatskommission für die Reichs- und auswärtigen Angelegenheiten bearbeitet wurden. Diese Bearbeitung erfolgte in Fühlung mit dem Senatsreferenten, der gegebenenfalls die erforderlichen Senatsbeschlüsse herbeiführte.

Im übrigen waren es hauptsächlich zwei Seiten, von denen dem Senate die Arbeit zuwuchs: Berichte und Anträge der Behörden sowie Eingaben aus dem Publikum. Sämtliche Eingänge gelangten zunächst an die Senatskanzlei. Sachen, die zur Zuständigkeit einer Ressortbehörde gehörten, wurden ohne Vorlage beim Referenten an diese abgegeben, was unter Umlegen eines auf gelblichem Papier gedruckten Formulars, des sog. „gelben Zettels", geschah. Die Zahl solcher Eingänge war nicht gering, denn der echte Hamburger Bürger lebte, traditionsgebunden wie er war, noch in dem Glauben, daß der Senat sich um alle Einzelheiten selbst bekümmere. Deshalb richtete er seine Eingaben gern direkt an den Senat oder an den ersten Bürgermeister, überzeugt davon, daß er am besten fahre, wenn er sich gleich an die höchste Stelle wende. Zahlreich waren die Eingaben, die auf das Verlangen nach unzulässigem Eingreifen in die Straf- und Zivilgerichtsbarkeit hinausliefen. Von den zur Zuständigkeit des Senats gehörigen Sachen wurden diejenigen, die nach der Geschäftsordnung oder nach der bestehenden Geschäftsverteilung zum Dezernat eines bestimmten Referenten gehörten, diesem unter Beifügung der Vorgänge unmittelbar vorgelegt. Das galt insbesondere für die von der Bürgerschaft oder dem Bürgerausschuß kommenden Sachen sowie für die Berichte und Anträge der Behörden. Zu den Angelegenheiten, die dem für das betreffende Ressort bestimmten Referenten zugingen, gehörten auch Beschwerden, mochte auch, wie z. B. in Disziplinarsachen, der Referent als Präsidialmitglied der Behörde vielleicht nicht ganz unbeteiligt oder uninteressiert sein. Für solche Fälle erreichte Bürgermeister Petersen die Ernennung eines völlig unbeteiligten Referenten durch sein stetes „ceterum censeo", es gehe doch nicht an, daß man sich über den Teufel bei dessen Großmutter beschwere. Diejenigen Sachen, für die kein fester Referent bestellt war, wurden von der Senatskanzlei täglich mit einer listenmäßigen Übersicht dem Präsidenten zur Bestimmung des Referenten vorgelegt. Der Präsident erhielt auch vierteljährlich ein sog. Restantenverzeichnis, d. h. eine von der Senatskanzlei aufgestellte umfangreiche Tabelle, in der für jedes einzelne Senatsmitglied diejenigen Sachen, die noch keine Erledigung gefunden hatten, mit dem Datum des Eingangs aufgeführt waren. Jedem Referenten wurde eine Abschrift des auf ihn bezüglichen Teils des Verzeichnisses zugestellt, die er mit einem Vermerk über den Stand der einzelnen Sachen zurückzugeben hatte. Diese zweckmäßige Einrichtung kam nach und nach außer Übung; vielleicht hatte man sie mit dem Grundsatze, daß der Bürgermeister nur „primus inter pares" sei, nicht für vereinbar gehalten.

Für die in ein bestimmtes Ressort fallenden Sachen war der Referent in der Regel der das betreffende Arbeitsgebiet im Senate vertretende Syndikus oder Senatssekretär, der auch der Ressortbehörde als Präsidialmitglied anzugehören pflegte. Einzelne Präsides trugen einen mehr oder weniger erheblichen Teil der zu ihrem Ressort gehörigen Angelegenheiten selbst vor. Es gab auch Behörden, denen ein Syndikus oder Senatssekretär nicht angehörte, wie z. B. die Polizeibehörde. Hier lag das Referat hauptsächlich beim Polizeiherrn selbst, der allerdings in der Vorbereitung seiner Sachen durch einen Stab tüchtiger Oberbeamten wirksam unterstützt wurde. Die sog. „großen" Sachen, besonders Gesetzvorlagen, wurden durchgängig an die Syndizi zum Referat überwiesen.

Die Institution des Senatsreferenten, gegen die sich mit der Zeit in steigendem Maße Bedenken erhoben, stand bei meinem Eintritt in den Senat noch völlig unangefochten da. Selbstredend kann ein Kollegium seine Entscheidungen nur auf Vortrag von Referenten treffen. Der Referent muß den Dingen unparteiisch gegenüberstehen und sich von Ressortpartikularismus freihalten. Er muß ferner im Referieren geschult sein und die Fähigkeit zur Bearbeitung gesetzgeberischer Aufgaben besitzen. Das traf auf die Syndizi und Senatssekretäre durchweg zu, während man zumal die Fähigkeit zu gesetzgeberischen Arbeiten bei den aus dem Anwaltstande hervorgegangenen Senatoren nicht immer, bei den kaufmännischen Herren nur ausnahmweise erwarten durfte. So war also das „Syndikat" (die Senatssekretäre gelten hier als miteinbegriffen) jedenfalls solange unentbehrlich, als der Senat sich noch nicht – was später geschah – auf politische Aufgaben konzentriert hatte, sondern in die Ressortangelegenheiten weitgehend eingriff. Die gegen die Institution des Senatsreferenten erhobenen Einwände gipfelten darin, daß der Senatsreferent ein unnötiges Zwischenglied zwischen Senat und Behörde sei und daß er sich in die oft äußerst komplizierten Fachfragen erst selbst einarbeiten müsse, ohne doch schließlich deren Beherrschung so vollkommen wie der eigentliche Fachmann erreichen zu können. Deshalb sei es, so meinte man, richtiger, die zuständigen Fachbeamten unmittelbar zu den Verhandlungen des Senats hinzuzuziehen. Ich vermag mich dieser Anschauung schon deshalb nicht anzuschließen, weil ihre Befolgung zu einem ständigen Kommen und Gehen Außenstehender geführt und damit die Einheitlichkeit und Geschlossenheit des Senatskollegiums gefährdet haben würde. So hat also der Senat, jedenfalls bei den während meiner Amtszeit obwaltenden Verhältnissen, recht daran getan, die Heranziehung von Oberbeamten auf besonders geartete Fälle, zumal solche, in denen es sich um die Erläuterung umfangreicher und schwieriger technischer Aufgaben oder Projekte handelte, zu beschränken.

War nun eine Sache an den Senatsreferenten gelangt, so lag die weitere Instruktion in seiner Hand; bei ihm liefen alle Fäden zusammen. Gewiß gab es in Fällen dringender Eilbedürftigkeit die Möglichkeit, eine Sache schnell durch den Senat und die Bürgerschaft zu bringen. Man war dann in der Lage, den zu gutachtlicher Äußerung aufzufordernden

Behörden eine kurze Frist zu stellen und damit den Präses in die Lage zu versetzen, die Angelegenheit ohne Mitwirkung der Deputation im Präsidialwege zu erledigen. Das war aber die Ausnahme. Sonst nahm die geschäftliche Behandlung unter Umständen viele Monate in Anspruch. Nach der bestehenden Organisation und Geschäftsordnung der Behörden sollten alle wichtigeren Angelegenheiten, zu denen die Vorlagen und Äußerungen für den Senat gehörten, in der Sitzung der Behörde vorgetragen und entschieden werden. Das bedingte häufig langwierige Vorarbeiten, und in der Sitzung der Behörde kam es manchmal wegen nebensächlicher Fragen zu ausgedehnten Debatten. Vielfach mußten mehrere Behörden nacheinander gehört werden, oder es war noch ein Rechtsgutachten einzuholen. Waren Geldmittel aufzuwenden, ging die Sache an die Finanzdeputation, deren auf Verbilligung abzielende Vorschläge und Anregungen meist zu erneuten Verhandlungen mit der antragstellenden Behörde führten. Erst unter dem Druck dringender Notwendigkeit bildete sich mehr und mehr die Gepflogenheit heraus, daß der einzelne Präses, je nach dem Grade seines Selbständigkeitsgefühls, auch bei größeren Sachen auf eigene Verantwortung von dem vorgeschriebenen Wege über die Deputation zu Gunsten des Präsidialweges abwich. Der Versuch, durch die Senatsabteilungen auf den Gang der Verhandlungen innerhalb der Behörden fördernd einzuwirken und ein besseres Zusammenarbeiten der Behörden zu vermitteln, blieb erfolglos. Auch die zur Besprechung schwebender Fragen und Projekte eingerichteten Zusammenkünfte der Oberbeamten der beteiligten Behörden führten zu nichts, da es den Beamten an der notwendigen Bewegungsfreiheit fehlte. So war also die Praxis der Verwaltung von Grundsätzen beherrscht, die keineswegs dem entsprachen, was man gerade in einem Gemeinwesen, das sich gern auf den starken Einschlag kaufmännisch-praktischen Geistes berief, hätte erwarten sollen.

War dann eine Sache im Senate glücklich bis zu einem Antrage an die Bürgerschaft gediehen, so wurde sie dort von neuem aufgerollt, wobei in rein sachliche Fragen oft genug politische Gesichtspunkte hineingetragen wurden. Jeder Senatsantrag unterlag zweimaliger Beratung und Abstimmung, es sei denn, daß bei der ersten Beratung sich mindestens zwei Drittel der Abstimmenden für die Annahme erklärt hätten. Vielfach setzte die Bürgerschaft zur Prüfung des Senatsantrags einen Ausschuß nieder, der lange beriet, meist auch Senatskommissare hörte. Jedenfalls war es ein endlos langer Weg, auf dem dieselbe Sache an drei, vier und mehr Stellen durchgekaut wurde...

SENATSKOLLEGIUM

Als ich am 22. Februar 1905 als neuerwählter Senatssekretär den Sitzungssaal des Senats betrat, fand ich ein würdiges Kollegium von 24, oder, bei Beschränkung auf die stimmberechtigten Mitglieder, von 18 Mitgliedern vor, welche letzteren fast ausnahmslos das fünfzigste, zu einem nicht geringen Teile das sechzigste Lebensjahr überschritten hatten. Die vom Senate zu bewältigende Arbeit war von Jahr zu Jahr, man möchte fast sagen ins Ungemessene, gestiegen. Sie umfaßte die mannigfachen Aufgaben einer deutschen Bundesregierung, einschließlich der damit verbundenen Mitarbeit im Bundesrat; ferner die vielseitigen Funktionen des Magistrats der zweiten Großstadt des Reiches, deren gewaltige Hafenbetriebe ganz besondere Aufgaben stellten; sodann die Aufsicht über die gesamte Verwaltung sowie über die religiösen Gemeinden. Als die Verfassung vom 28. 9. 1860 geschaffen wurde, zählte Hamburg kaum 200 000 Einwohner. Gegen den großen Nachbarn war man durch Zollschranken abgeschlossen. Um so besser kannte innerhalb der Stadt einer den andern. Die Regierungsgeschäfte waren nicht so umfangreich, daß der Senat sie nicht in seiner Plenarversammlung hätte erledigen können, während die Verwaltung der einzelnen Ressorts von den Senatoren mit Unterstützung der bürgerlichen Deputierten und einer bescheidenen Anzahl von Bürobeamten geführt wurde. Dieser patriarchalische Apparat war während der folgenden Jahrzehnte im wesentlichen unverändert geblieben; nur daß der Senat die Erledigung einzelner gleichartiger Geschäfte an kleinere Ausschüsse überwies, die er aus seiner Mitte bildete, und daß zur Sicherung eines geordneten Geschäftsganges in der Verwaltung der Beamtenkörper, insbesondere auch durch Anstellung juristisch gebildeter Beamten, nicht unerheblich vermehrt worden war. Die immer unaufschiebbarer gewordene wirksame Erleichterung hatte erst das Gesetz über die Reorganisation der Verwaltung vom 2. 11. 1896 durch zwei bedeutsame Maßnahmen gebracht: einmal die Einrichtung von Abteilungen des Senats, die die ihnen überwiesenen zahlreichen Geschäfte an Stelle des Gesamtsenats zu beraten und zu entscheiden hatten; und sodann die Schaffung einer geordneten Beamtenlaufbahn, namentlich für juristisch oder technisch vorgebildete Oberbeamte, denen in größerm Umfange Verwaltungsaufgaben zu selbständiger Erledigung übertragen werden konnten. Dies war dann auch der Kreis, aus dem der Senat seine ständigen Hilfsarbeiter entnahm. Dazu kam eine weitere, für die Vereinfachung und Erleichterung zahlreicher Senatsgeschäfte besonders zweckdienliche Maßnahme, indem Angelegenheiten, die nach vorangegangenen Senatsbeschlüssen, nach der Übung des Senats oder nach Ansicht des Referenten eine Verhandlung im Senat nicht erforderten, vom Referenten durch Verfügung erledigt werden konnten. Solche Verfügungen galten als Senatsbeschlüsse; sie wurden von der Senatskanzlei vorbereitet, so daß das ganze Verfahren auch für die Referenten eine nicht unwesentliche Entlastung bedeutete.

Die weitaus wichtigste unter den der Anpassung an die Bedürfnisse der Gegenwart dienenden Maßnahmen war die Schaffung von Senatsabteilungen, denen für ihre zwischen eineinhalb und drei Uhr stattfindenden Sitzungen innerhalb des Senatsgeheges je ein kleinerer Sitzungsraum zur Verfügung stand. Durch die Einrichtung von drei Abteilungen wurde der Leistungsgrad des Senats etwa auf das Dreifache erhöht.

Es bestanden:

Abt. I für Reichs- und auswärtige Angelegenheiten, Handels-, Schiffahrts-, Gewerbe- und Zollsachen;

Abt. II für Bau-, Justiz- und Unterrichtsangelegenheiten;

Abt. III für Finanz-, Polizei- und innere Angelegenheiten, einschl. der Beamtensachen.

Durch die Geschäftsordnung des Senats war jeder Abteilung noch eine größere Anzahl außerhalb des unmittelbaren Geschäftskreises liegender Angelegenheiten überwiesen worden.

Die Beschlüsse der Abteilungen galten als Beschlüsse des Senats und unterschieden sich in der Form ihrer Ausfertigung nicht von den Beschlüssen des Plenums. Jedes bei der Entscheidung der Abteilung in der Minderheit verbliebene Mitglied konnte indes verlangen, daß die Sache im Plenum vorgetragen und endgültig entschieden werde, eine Befugnis, von der nur ganz vereinzelt Gebrauch gemacht wurde.

Die Absicht des Gesetzgebers, in den Abteilungen zugleich eine besondere Aufsichtsinstanz über die Behörden ihres Geschäftskreises zu schaffen und ein gemeinsames Zusammenwirken dieser Behörden zu fördern, hat, wie bereits erwähnt, zu keinem besonderen Erfolge geführt. Wohl aber haben die Abteilungen die ihnen zugedachte Bedeutung für die Vorbereitung umfangreicher Gesetzentwürfe oder sonstiger, der Klärung bedürftiger Angelegenheiten gewonnen und hierin Nützliches geleistet.

Jeder Abteilung gehörten mindestens fünf Senatoren und meist zwei Syndizi bzw. Senatssekretäre sowie ein ständiger Hilfsarbeiter des

Senats an, dem die Führung des Protokolls oblag. Den Vorsitz führte einer der beiden Bürgermeister und ein älterer Senator. Wurden auch die im Plenum üblichen Verhandlungsformen im großen und ganzen innegehalten, so war in dem kleineren Kreise der Abteilung doch der ganze Ton ein freierer, und die Erörterung wurde mehr in der Form gegenseitiger Aussprache geführt, was der Sache zugute kam.

Die am stärksten beschäftigte Abteilung ist während meiner Amtszeit stets die Abteilung III gewesen, was vor allem auf der starken Beanspruchung durch Beamtensachen beruhte. Es kam vor, daß Abteilung III bis zur Plenarsitzung ihre Arbeiten nicht zu Ende führen konnte und diese nach Schluß des Plenums wieder aufnehmen mußte.

Ob der Referent eine Sache im Plenum oder in der Abteilung vorbringen wollte, unterlag, soweit nicht bestimmte Vorschriften bestanden, seinem Ermessen. Ausdrücklich dem Plenum vorbehalten waren die Sachen für die Bürgerschaft oder den Bürgerausschuß, vom Senate zu erlassende Verordnungen oder Bekanntmachungen, Einsprüche gegen Beschlüsse der Behörden, Gnadengesuche bei Kapitalsachen und Wahlen. Außerdem wurden im Plenum angesprochen alle Sachen von politischer Bedeutung oder von allgemeinerm Interesse.

In jeder Plenarsitzung lagen neben dem letzten Plenarprotokoll die Protokolle der drei Abteilungen zur Einsichtnahme aus und wurden zum Zwecke der Information von vielen Senatsmitgliedern regelmäßig zur Kenntnis genommen.

Trotz aller dieser Erleichterungen hatte jedes Senatsmitglied doch sein gerüttelt Maß an Arbeit. Die Senatoren fungierten als Präsides der Behörden; die Syndizi und Senatssekretäre waren überwiegend die Träger der großen Referate, daneben Präsidialmitglieder, zum Teil auch Präsides von Behörden. Die Verteilung der Geschäfte geschah auf den Beginn des Kalenderjahres, nachdem in der ersten Hälfte des Dezember die Bürgermeisterwahl stattgefunden hatte. Dieser Wahl war regelmäßig eine Verständigung unter den Senatoren vorausgegangen, so daß der nach der getroffenen Abrede zu Wählende alle Stimmen auf sich vereinigte, mit Ausnahme der eigenen Stimme, die er dem ältesten Senator zu geben pflegte.

Zur Vorbereitung der Geschäftsverteilung bestand eine besondere Kommission, die Geschäftsverteilungskommission, der die beiden Bürgermeister, zwei Senatoren (ein rechtsgelehrter und ein kaufmännischer) und ein Syndikus – dieser gewissermaßen als Anwalt seiner engeren Kollegen – angehörten. Außer zur Vorbereitung der Ämterverteilung für das neue Jahr trat die Kommission auch dann zusammen, wenn durch Neuwahl eines Senatsmitgliedes eine Neuverteilung gewisser Senatsgeschäfte notwendig geworden war. Der Gesamt-Verteilungsplan der Geschäfte wurde Ende Dezember im Amtsblatt öffentlich bekannt gemacht und führte die Bezeichnung „Senatsrolle". In der Regel gelangte die Geschäftsverteilungskommission zu einer Verständigung über die dem Senate zu machenden Vorschläge; war eine solche nicht zu erzielen, so wurde nicht zur Abstimmung geschritten, sondern über die entgegenstehenden Ansichten dem Senate berichtet, der dann die Entscheidung traf. Bemerkenswert ist die Vorsicht, mit der man zu Werke ging, wenn es sich um einen neuen, in der Verwaltung noch nicht bewährten Senator handelte. Dieser mußte sich dann meist fürs erste mit dem zweiten oder dritten Platz in einer oder mehreren der großen Behörden begnügen; auch an selbständigen Funktionen wies man ihm in der Regel nur minder wichtige Geschäfte zu.

Zur Zeit meines Eintritts in den Senat gab es 12 Verwaltungszweige (Ressorts), die freilich nach Umfang und Bedeutung sehr verschieden waren. So bestand z. B. ein besonderes Ressort für die Verkehrsanstalten des Deutschen Reiches, das lediglich die Senatskommission für die Post- und Telegraphenangelegenheiten, eine Dienststelle von minimalem Umfange, sowie das Kommissariat für die Seewarte umfaßte. Andererseits gab es im Rahmen des Ressorts für polizeiliche und innere Angelegenheiten nicht weniger als 16 Behörden und 7 Kommissariate. Im ganzen waren etwa 50 Deputationen, Senatskommissionen und Kommissariate zu besetzen. Während die letztern nur aus einem senatorischen Mitgliede bestanden, saßen in den Behörden der Regel nach zwei bis drei senatorische Mitglieder. Die Zahl der aus dem Senate zu besetzenden Plätze betrug annähernd 100. Das bedeutete eine erhebliche Belastung der Senatsmitglieder, auch wenn man berücksichtigt, daß hierfür die Syndizi und Senatssekretäre mit zur Verfügung standen, die als Mitglieder der Behörden in diesen die gleichen Rechte wie die Senatoren genossen. Andrerseits bildete die bloße Zahl der dem einzelnen Senatsmitgliede zugeteilten Ämter keinen zutreffenden Maßstab für seine amtliche Inanspruchnahme.

Selbstredend waren die Präsides der großen Verwaltungszweige – in erster Linie Finanzen, Handel und Schiffahrt, Bauwesen, Unterricht, Justiz und vor allem Polizei – durch diese Ämter stark belastet, während ein Senator als Chef einer kleinen Behörde oder als zweites oder drittes Mitglied einer großen Behörde nur wenig beansprucht wurde.

Bei einzelnen Behörden bestanden wieder Sektionen als selbständige Unterbehörden, an deren Spitze dann häufig das zweite oder dritte Senatsmitglied trat. Unter den Behörden befanden sich manche, bei denen die Inanspruchnahme senatorischer Arbeitskraft mehr aus der Beibehaltung alter, überlebter Tradition, als aus der Art der Geschäfte selbst zu erklären ist. Hier sei z. B. auf die Aufsichtsbehörde für die Innungen und die Aufsichtsbehörde für die Standesämter hingewiesen, deren Funktionen in Preußen allenfalls einem Regierungsrat anvertraut sind. Bei der Aufsichtsbehörde für die Standesämter hatte sich noch bis in meine Zeit der patriarchalische Brauch erhalten, daß gegen Erlegung einer wohltätigen Spende von – ich meine – 50 Mk der Präses die standesamtliche Trauung in einem dafür im Rathaus vorgesehenen Raume persönlich vollzog.

Bei der vorstehenden Darstellung sind einige Gruppen von senatorischen Geschäften noch nicht mitberücksichtigt. Einmal die Zugehörigkeit zu den verschiedenen Senatssektionen, den ständigen oder nichtständigen, für bestimmte Aufgaben eingesetzten Senatskommissionen sowie zu den gemischten (Senats- und Bürgerschafts-)Kommissionen. Sodann die Tätigkeit auf kirchlichem Gebiet und in der satzungsgemäß an den Senat gebundenen Verwaltung zahlreicher milden Stiftungen.

Die von altersher bestehende enge Verbindung zwischen Staat und Kirche fand darin ihren Ausdruck, daß die zum „Patronat" vereinigten Senatoren evangelisch-lutherischer Konfession die höchste Aufsichtsinstanz der evangelisch-lutherischen Landeskirche bildeten; für die Angelegenheiten der andern Konfessionen und für die Israeliten bestanden besondere Senatskommissionen. Dem Kirchenrat und der Synode der evangelisch-lutherischen Landeskirche gehörten zwei Senatoren an, von denen einer den Vorsitz führte. Außerdem saßen in jedem der zahlreichen Kirchenvorstände zwei Senatoren als erster und zweiter Kirchspielsherr. Viele Senatoren brachten den kirchlichen Angelegenheiten lebhaftes Interesse entgegen und widmeten sich diesen Geschäften mit besonderer Vorliebe. Die Betätigung von Senatsmitgliedern in der Verwaltung milder Stiftungen, meist solcher aus frühern Jahrhunderten, war so umfangreich, daß zur Unterstützung der Herren bei diesen Arbeiten in der Senatskanzlei eine besondere Abteilung für Stiftungsverwaltung bestand.

Als ich beim Eintritt in den Senat dem bejahrten, vielerfahrenen kaufmännischen Senator Roscher meinen Antrittsbesuch machte, äußerte dieser: „Wenn man in den Senat kommt, verbaut man; diese Erfahrung wird Ihnen wohl auch nicht erspart bleiben." Er wollte damit zum Ausdruck bringen, daß man als Senatsmitglied in den Senatsgeschäften völlig auf- und untergehe und zur Pflege persönlicher, zumal geistiger Interessen nicht die nötige Zeit übrig behalte. In ähnlicher Richtung bewegte sich der Gedankengang Professor Lichtwarks, der mir wiederholt sagte, der Senat müßte viel mehr auf Erweiterung seines Gesichtskreises bedacht sein, vor allem sollten die einzelnen Senatsmitglieder mehr reisen, um fremde Einrichtungen und Fortschritte an Ort und Stelle zu studieren und zu auswärtigen Kapazitäten in persönliche Fühlung zu treten; das hierfür verausgabte Geld würde reiche Zinsen tragen.

Aber es war alte Gewohnheit, daß der Senator sich am Platze für unentbehrlich hielt. Er glaubte, auch unwichtigere Geschäfte, wo nicht selbst erledigen, so doch über alles selbst Bescheid wissen zu müssen. Auch war man im allgemeinen von der Vortrefflichkeit der hamburgischen Einrichtungen tief durchdrungen. In solchen überkommenen Anschauungen lag es auch mit begründet, daß sich der neugeschaffene Stand der Oberbeamten - die meisten kamen noch dazu „aus Preußen" – nur mühsam durchzusetzen vermochte. Dazu kam, daß der mittlere Beamte, der bislang der Berater des Präses gewesen, nur ungern einem andern wich. Und der Senator selbst fand auch nicht immer die rechte Einstellung zu seinem neuen Berater und Helfer. Der meist dem Anwaltsstande entstammende rechtsgelehrte Senator trug noch seinen Bürovorsteher, der kaufmännische Senator irgend einen seiner Mitarbeiter vom Kontorbock im Unterbewußtsein mit sich herum, und das kam dann dem Oberbeamten gegenüber unwillkürlich zum Ausdruck. Und in der Bürgerschaft waren die Beamten nur allzuoft die „Prügelknaben". So erklärt es sich, daß der hamburgische Verwaltungsbeamte um die seiner Vorbildung und seinem Können entsprechende Stellung hart zu kämpfen hatte und daß es andrerseits der Verwaltung als solcher nur schwer gelingen wollte, tüchtige Kräfte zu gewinnen und an sich zu fesseln.

Schon nach wenigen Jahren der Arbeit im Senate war ich zu der Überzeugung gelangt, daß, ungeachtet der allgemeinen Klage über Überbürdung der Senatsmitglieder, ein Senat von 10, höchstens 12 Mitgliedern bei zweckmäßiger Organisation des Geschäftsbetriebs genügen würde, um den eigentlichen senatorischen Aufgaben gerecht zu werden ...

Dem politischen Standpunkt seiner Mitglieder nach war der Senat bis gegen Ende des Krieges eine durchaus homogene Körperschaft. Von einer Gruppenbildung oder gar Zugehörigkeit zu bestimmten Fraktionen konnte zunächst keine Rede sein. Die Senatoren kamen, soweit sie der Bürgerschaft angehört hatten – und das war die Mehrzahl – durchweg aus der Fraktion der Rechten. Auch die „Nicht-Bürgerschaftler" im Senate standen in der Regel dieser Fraktion am nächsten. Die Fraktion der Rechten umfaßte vor allem die meisten der von den Notabeln gewählten Mitglieder, die sog. „Nobili", königliche Kaufleute, erste Anwälte, höhere Richter; daneben noch einzelne Mitglieder, die von bestimmten Bürgervereinen oder sonstigen Vereinigungen auf den Schild erhoben oder die mit prominenten Fraktionsmitgliedern durch verwandtschaftliche oder freundschaftliche Beziehungen nahe verbunden waren.

Der Fraktion „Linkes Zentrum" hat zu meiner Zeit, soviel ich weiß, nur ein Senatsmitglied (Dr. Mumssen, erwählt 1909) angehört. Durch seine Wahl wurde die politische Geschlossenheit des Senats in keiner Weise berührt. Damals schied ja auch ein Mitglied der Bürgerschaft, das in den Senat gewählt wurde, aus der Bürgerschaft aus, so daß die Beziehungen zu der Fraktion, der das Mitglied bisher angehört hatte, erloschen. Auch die Wahl zweier Senatoren aus der Fraktion der Linken (Rodatz 1914, Wiesinger 1917) blieb auf die politische Haltung des Senats ohne Einfluß. Diese „Linke" war ja auch nichts weniger als eine „demokratische" Partei, sondern die ausgesprochene Vertreterin bestimmter Interessen, so namentlich des Grundeigentums, des Kleinhandels und des Handwerks. Erst mit der Wahl der Senatoren Garrels (1917) und Dr. Petersen (1918), die beide der Fraktion der „Vereinigten Liberalen" angehört hatten, gelangten ausgesprochene Demokraten in den Senat, starke Persönlichkeiten, die auf die politische Färbung des Senats nicht ohne Einfluß geblieben sind.

SENATSWAHL, ORNAT

Bei festlichen Anlässen, insbesondere zu feierlichen Staatsakten, legte der „Hohe Senat" die von den Vätern überkommene, an die Tracht der spanischen Granden erinnernde Amtstracht, auch „Stalt" genannt, an. Das geschah namentlich bei der Wahl oder Vereidigung eines neuen Senators, beim Besuche des Kaisers, eines Bundesfürsten oder auswärtigen Herrschers. Diese Amtstracht hatte jeder in den Senat Eintretende, auch die Syndizi und Senatssekretäre, auf eigene Kosten zu beschaffen. Der Preis stellte sich bei den Senatoren auf mehr als 2000 Mk, während für die Herren de senatu der Mantel, das bei weitem kostspieligste Stück, etwas einfacher gehalten und deshalb billiger war. Das hing damit zusammen, daß die Senatoren, als symbolisches Merkmal ihrer Stimmberechtigung, die Arme durch den Mantel „durchsteckten" und daher Pelzwerk und Verbrämung reicher waren, während die nicht stimmberechtigten Mitglieder de senatu die Arme unter dem Mantel zu tragen hatten. Diese Unterscheidung bestand, wie aus Otto Beneke, „Hamburgische Geschichten und Denkwürdigkeiten", II, S. 350 ff., zu entnehmen ist, schon in alter Zeit. Um die Kosten zu verringern, übernahm man möglichst den Mantel, den Hut (der nicht als Kopfbedeckung diente, sondern im Arm getragen wurde), mitunter auch Barett und Kragen vom Amtsvorgänger, wobei dann, je nach der beiderseitigen Statur, eine Änderung vorzunehmen war. So kam es, daß sich manchmal das eine oder andre Stück der Amtstracht durch mehrere Senatsgenerationen hindurch vererbte. Selbst unbedeutendere Stücke, z. B. die ähnlich wie bei den Geistlichen geformte Halskrause, hatten ihre Besonderheiten. Dieser Kragen war aus weißem „Kammertuch" hergestellt, nicht genäht, sondern geklebt und kostete über 50 Mk. Mit dem Waschen des Ornatkragens wußte nur eine alte Stiftsinsassin in der Baustraße recht Bescheid, deren Monopol dann in einem entsprechend höhern Preise zum Ausdrucke kam. Die Anlegung des Ornats war nicht ganz einfach und erforderte allerlei Assistenz, so besonders für Kragen, Spitzenjabot und Mantel. Dem Mantel der Mitglieder de senatu fehlte der Halt in den Ärmellöchern; deshalb waren im Innern zwei starke Bänder angebracht, die vom Rücken her über Kreuz um die Schultern gelegt und innen festgeknöpft wurden. An heißen Sommertagen konnte der Ornat mit dem schwerer als ein dicker Winterüberzieher wiegenden Mantel zur argen „crux" werden, besonders wenn es galt, darin ein langes Diner mit schweren Weinen einzunehmen.

Das Auftreten des Gesamtsenats im Ornat, dem damals Gestalten von höchster Vornehmheit und Würde, wie die Bürgermeister Mönckeberg und Burchard, voranschritten, war imposant und feierlich. Etwas wie ein ehrfürchtiger Schauer ergriff die bei festlichem Anlaß im großen Rathaussaale Versammelten, und alles erhob sich, wenn der Senat in geschlossenem Zuge, zu zweien hintereinander, den Saal betrat und auf das unter dem großen Hafenbilde für ihn angebrachte Gestühl zuschritt, wo jedes Senatsmitglied seinen bestimmten Platz einnahm.

Eine Senatswahl erlebte ich erst im Herbst 1907. Am Wahltage, wie auch am Tage der Vereidigung des neuen Senators trat der Senat bereits um 11 Uhr vormittags im Ornat zu einer Sitzung zusammen. Sooft sich der Senat im Ornat versammelte, war die Rathauswache dem Kommando eines Offiziers unterstellt. Sie trat beim Vorfahren eines Senators, als staatlichen Hoheitsträgers, ins Gewehr, eine Ehrenbezeugung, die in praxi meist auch den Mitgliedern de senatu erwiesen wurde.

Für eine Wahl hatten Senat und Bürgerschaft je vier Vertrauensmänner zu wählen, die dann im Senat auf unverbrüchliches Stillschweigen feierlich vereidigt wurden. Sie nahmen einander gegenüber, die Senatoren rechts, die in Frack und weißer Binde erschienenen Bürgerschaftsvertreter links vom Bürgermeistertisch Aufstellung. Nach der Eidesleistung wandten sich, der Reihe nach, die erstern nach rechts, die letztern nach links und schritten paarweise dem Phönixsaale zu, in den sie sich, als in ihr Konklave, zurückzogen. In der Sitzung des zurückgebliebenen „Rumpf-Senats" wurden nur laufende Sachen und Angelegenheiten von geringerer Bedeutung erledigt. Etwa nach zwei Stunden wurden die senatorischen Mitglieder der Kommission zurückerwartet und in Spannung der Bericht des ältesten der Vertrauensmänner, ob die Bildung des Wahlaufsatzes von vier Personen gelungen sei oder nicht, entgegengenommen. War der Aufsatz zustande gekommen, so trat der Senat unter Ausschluß der Mitglieder de senatu zusammen, um im engern Kreise über die Streichung zweier Namen zu beraten, wobei unser Senior, Syndikus Roeloffs, daran zu erinnern pflegte, daß dereinst Syndikus Merck gegen dieses Verfahren allemal einen Protest zu Protokoll erklärt habe. Nach Streichung von zwei Namen durch den Senat überbrachte der Rathausinspektor Leib in beschleunigter Gangart das den Aufsatz von zwei Personen enthaltende Senatsschreiben an die Bürgerschaft, die dann von den beiden ihr präsentierten Personen eine zum Senator erwählte. Dabei genügte relative Mehrheit, es wurden also die mitunter recht zahlreichen Stimmenthaltungen nicht mitberücksichtigt. Nun jagte Leib mit dem die Mitteilung des Wahlergebnisses enthaltenden Schreiben der Bürgerschaft zum Senate zurück, wo indes das Resultat auf Grund mündlich weitergegebener Nachrichten schon bekannt geworden war.

War der Wahlaufsatz nicht gelungen, so trat eine zweite Kommission von je vier Vertrauensmännern des Senats und der Bürgerschaft in Tätigkeit, die nach Vereidigung in gleicher Weise wie die erste hinter den Türen des Phönixsaals verschwand. Brachte auch diese keinen Wahlaufsatz zustande, vereinigten sich beide Kommissionen zu gemeinsamer

Beratung, die nun so lange fortgesetzt wurde, bis ein Wahlaufsatz gelungen war.

Soweit ich unterrichtet bin, ist es dem Senat in der Regel geglückt, seinen Favoriten oder wenigstens einen ihm erwünschten Kandidaten auf den Vierer-Aufsatz zu bringen, wobei ihm seine gegenüber der Bürgerschaft stärkere Geschlossenheit zum Vorteile gereichte. Der Senat war dann in der Lage, „seinen" Kandidaten mit einem „Strohmann", d. h. mit demjenigen Kandidaten, von dem er annahm, daß die Bürgerschaft ihn nicht wählen würde, dieser zu präsentieren. Einer der Ausnahmefälle, in dem die Bürgerschaft dann doch – wie es allgemein hieß – den Strohmann wählte, war der des Senators Möring, der dann etwa ein Menschenalter hindurch als Präses der Aufsichtsbehörde für die Standesämter fungierte und als Präses der Kommission für die Kunsthalle der Empfänger der berühmten Lichtwarkschen Reisebriefe wurde.

Etwa um 1 Uhr, die Zeit fiel in der Regel mit dem Abschlusse der Beratungen der ersten Kommission zusammen, nahm der Senat ein im Bürgermeistersaale serviertes Frühstück von zwei Gängen und Nachtisch mit leichten Weinen ein. Dabei wurde ausnahmsweise von jeglicher Rangordnung abgesehen, so daß vielleicht der jüngste Senatssekretär zwischen zwei alten Senatoren seinen Platz hatte; ja es konnte vorkommen, daß einer der Bürgermeister einen der Herren de senatu an seine Seite berief, den er etwas näher kennen zu lernen wünschte, oder dessen Urteil über diese oder jene Frage er hören wollte. Nach dem Essen gab es nach alter Sitte eine Tasse etwas dickflüssiger Schokolade, neben der seit neuerer Zeit auch Kaffee gereicht wurde, und dazu den traditionellen „Eiermahn". Dieser Eiermahn, eine Art Stollen von etwas eigelber Färbung, wurde immer mit einer gewissen Spannung erwartet. Der Neuling wurde auf den kommenden Eiermahn aufmerksam gemacht, und die älteren Herren erklärten nach Prüfung befriedigt: „Heute ist der Eiermahn richtig."

War die Bildung des Wahlaufsatzes gleich in der ersten Kommission gelungen, so wurden die Damen telephonisch herbeigerufen, die zu Hause „auf Abruf" gesessen hatten und die nun in Senatsequipagen dem Rathaus zustrebten. Im Bürgermeisteramtszimmer, wo der Rathausherr mit seiner Gemahlin die Honneurs machte, wurde noch eine Tasse Tee oder Kaffee gereicht und dann erfolgte etwa um 3 Uhr die Abfahrt – oder man kann sagen die Auffahrt – des Senats zur Beglückwünschung des neuerwählten Senators, vor dessen Wohnung bereits der militärische Ehrenposten aufgezogen war. In größter Beschleunigung hatte sich der Neuerwählte selbst – in der Regel war es ein Mitglied der Bürgerschaft – nach Hause begeben, um Frack und weiße Binde anzulegen und die Glückwünsche seiner Verwandten und Freunde, der in großer Zahl erschienenen Mitglieder der Bürgerschaft und der Behörden und vor allem die des Gesamtsenats entgegenzunehmen. Mit dem Ehrenposten war auch schon, gleich diesem in Droschken verladen, eine Anzahl Lohndiener eingetroffen, die die Gratulanten zu empfangen und ihnen einen Imbiß anzubieten hatten. Dann erschallte draußen Pferdegetrappel, einige 20 Staatskarossen, jede neben dem Kutscher einen Senatsdiener in Livree auf dem Bock, fuhren vor, voran der erste, dann der zweite Bürgermeister, denen sich vollzählig die Mitglieder des Senats, streng in der Reihenfolge des Dienstalters, anschlossen. Vor jedem der zahlreichen Ornatträger präsentierte der Posten das Gewehr, und drinnen füllten die Mitglieder des Senats in ihrer altüberkommenen feierlichen Amtstracht für kurze Zeit die Räume. Die Vorstellung übernahmen der jüngste Senator und seine Gemahlin, die sich schon vor der großen Auffahrt nach der Wohnung des Neuerwählten begeben hatten. Man trank auf das Wohl des neuen Senators, sprach ein Wort mit der „Senatorin" und mit diesem oder jenem Bekannten; dann wurden die Wagen wieder bestiegen, die nun die einzelnen Senatsmitglieder schnellstens den heimischen Penaten zuführten.

Hatte die erste Kommission nicht die Entscheidung gebracht oder mußte gar das Gremium der sechzehn in Funktion treten, so konnte sich die Auffahrt bis zum späten Nachmittag oder gar Abend verzögern. Für die im Bürgermeisteramtszimmer versammelten Damen war das eine harte Geduldsprobe. Die Herren kamen, nachdem sie Sitzung und Frühstück absolviert hatten, hinzu, und bei allerlei Erfrischungen wurde die Zeit verplaudert, bis der große Augenblick gekommen war und die Senatoren sich zur Beratung über die Streichung zweier Namen im Sitzungssaale zusammenfanden; dann wickelte sich das weitere Verfahren schnell ab.

Den Abend des Wahltages pflegte der neue Senator im Kreise seiner Angehörigen und nächsten Freunde zu verbringen. Am folgenden Morgen erschien eine Abordnung des Geistlichen Ministeriums mit dem Senior an der Spitze, auf dessen Ansprache der Senator antwortete. Auch der Kommandeur des Regiments „Hamburg" machte seine Aufwartung. Eine merkwürdige alte Sitte gebot dem Neuerwählten, sich bis zu seiner feierlichen Einführung und Vereidigung bei Tage nicht auf der Straße zu zeigen. Nach einigen Tagen fand dann dieser feierliche

Akt im Festsaale des Rathauses in gemeinschaftlicher Sitzung des Senats und der Bürgerschaft statt. Zahlreiche geladene Gäste, Mitglieder der Behörden, Oberbeamte usw. nahmen an der Feier teil, der die Damen des Senats in den oberen Logen beiwohnten, auch nach Rang und Würden wohlgeordnet. Nach dem Einzuge des Senats im Ornat erhob sich der Präsident zu einer Ansprache, in der er zunächst die Verdienste des ausgeschiedenen Senators schilderte, um sich alsdann an den in Frack und weißer Binde erschienenen Neuerwählten zu wenden, dessen bisheriger Tätigkeit für das Gemeinwohl gedenkend, gegebenenfalls auf die vor ihm liegenden großen Aufgaben besonders hinweisend. Die Rede schloß mit der Aufforderung an den amtierenden Senatssekretär, den von dem neuen Mitgliede zu leistenden Eid zu verlesen. Nach der Eidesleistung wurde die Sitzung vom Präsidenten des Senats geschlossen, und der Senat verließ wieder, wie er gekommen, in feierlichem Zuge den Saal, während alle Anwesenden sich abermals, wie beim Eintritte des Senats, erhoben. Der Neuerwählte schritt jetzt zwischen den beiden Bürgermeistern, an deren Seite er das in gleicher Weise wie am Wahltage arrangierte Frühstück im Kreise des Senats einnahm. Von nun an wohnte der neue Senator den Senatssitzungen bei. Die Geschäftsverteilungskommission hatte inzwischen getagt, und gleich in der ersten Sitzung wurde über die dem jüngsten Mitgliede zu übertragenden Ämter Beschluß gefaßt.

Am nächsten oder spätestens am übernächsten Sonntage fand der feierliche Kirchgang des neuen Senators in einer der fünf Hauptkirchen statt. Er trug dabei zum ersten Male den Ornat. Am Eingange wurde er vom Kirchenvorstand empfangen und auf seinen Sitz im Senatsgestühle geleitet. Nun erst war allen Formalitäten Genüge geschehen und es begann für den neuen Herrn die Alltagsarbeit; manchmal vielleicht begleitet von einer gewissen Enttäuschung oder einem stillen Erstaunen darüber, wieviel hochwertige Arbeitskraft hier auf unbedeutende Dinge verwendet werde.

Bei jeder Senatswahl gab es den einen oder andern „trauernden Hinterbliebenen". In den Tagen vor der Wahl war an der Börse, beim Börsenfrühstück, wie auch in den Zirkeln der Senatsdamen die Wahl ein, wo nicht der Hauptgesprächsgegenstand. Man erörterte die einzelnen Kandidaturen und einigte sich meist auf einen „Favoriten", an dessen Wahl man kaum zweifelte. Aber manchmal kam es anders, und dann gab es für jenen Nichterkorenen allerlei zu hören, wie auch seine Gattin es sich gefallen lassen mußte, mit den „vergeblich aufgesteckten frischen

Gardinen" geneckt zu werden. Nach der Wahl war dann auch viel von den „zwei andern", die noch auf dem Viereraufsatze gestanden haben sollten, die Rede. Es wurden Namen genannt, die trotz des heiligen Eides aus sicherer Quelle stammen sollten; doch wollen wir annehmen, daß es sich dabei nur um vages Gerede gehandelt hat.

Beim Ableben eines Bürgermeisters fand, meist in einer der Hauptkirchen, ein feierlicher Trauerakt statt, an dem auch weite Kreise der Bevölkerung teilnahmen. Die Leiche war in der Regel in einem mit violettem Samt überzogenen Sarg aufgebahrt, ein Vorrecht, das, wie man sagte, außerdem nur noch der Jungfrau Domina des St. Johannisklosters zustand. Sämtliche Senatsmitglieder gaben in Staatsequipagen der Leiche bis zum Friedhof das Geleit.

Zu meiner Zeit galt die Übung, daß man „aktive" Juden nicht zu Senatoren erkor. Die „nichtarische Großmutter" stand hingegen einer Wahl in den Senat nicht im Wege. Wiederholt haben getaufte Juden, d. h. Persönlichkeiten, bei denen Eltern oder Großeltern (bzw. ein Eltern- oder Großelternteil) noch Juden waren, die dann aber – in der Regel wohl aus Familienrücksichten – getauft worden waren, dem Senat angehört...

Der kluge und einflußreiche Führer der Fraktion der Rechten, der hochangesehene Rechtsanwalt Dr. Albert Wolffson, war Jude. Ihm war daher der Zutritt zum Senate verbaut. Er nahm aber vielleicht gerade deshalb in der Bürgerschaft, wie überhaupt in den weitesten Kreisen eine desto einflußreichere Stellung ein. Sein bestimmender Einfluß auf die Senatswahlen hatte ihm den Beinamen des „Königmachers" eingetragen.

REPRÄSENTATION

Großzügig war in der Vorkriegszeit die Gastlichkeit des Senats, für die das Hauptgeschoß des Rathauses mit den prächtigen Repräsentationsräumen den rechten Rahmen darbot. Wurde dabei auch die Entfaltung gediegener, vornehmer Pracht nicht verschmäht, so war von Prunksucht doch nie die Rede. Die Festräume des Rathauses machten in der strahlenden Beleuchtung stets starken Eindruck auf die Gäste. Von den Bildern war das große Bild des Senats im Ornat mit Bürgermeister Versmann an der Spitze immer wieder Gegenstand andächtiger Bewunderung. Besonders feierlich gestalteten sich die Senatsdiners, die in Anwesenheit des Kaisers, eines Bundesfürsten oder auswärtigen Staatsoberhaupts stattfanden. Bei solchen Gelegenheiten versuchte man nicht nur in Speise und Trank dem guten Rufe Hamburgs Ehre zu machen, sondern war auch bestrebt, der Tafel durch reichen Schmuck aus dem Ratssilberschatz, wie durch herrliche Blumendekoration ein besonders festliches Gepräge zu verleihen. Der Ratssilberschatz umfaßte noch eine Anzahl älterer Stücke, hauptsächlich Pokale und Schalen. Er wurde fortlaufend vermehrt, einmal durch Gelegenheitsgeschenke reicher Mitbürger, die sich eine Prunkschale oder einen Tafelaufsatz ihre 12 000–15 000 Mk kosten lassen mochten; sodann aber dadurch, daß jeder neuerwählte Senator der Tradition gemäß dem den Schatz verwaltenden Rathausherrn 1 000 Mk zur Vervollständigung des Ratssilberschatzes zur Verfügung stellte. Von dieser Summe wurde beschafft, was gerade dem Bedürfnis entsprach, mochte es sich um eine der ständig steigenden Gästezahl entsprechende Vermehrung der Bestecke oder um Schüsseln der verschiedensten Art, um Salzfässer oder dergl. handeln; stets sorgte der Ratsgoldschmied Prof. Schönauer für gediegene und geschmackvolle Ausführung. Das Instandhalten und Reinigen des Ratssilberschatzes war die besondere Aufgabe der Frau Rathausinspektor Leib, die man vor einem Diner inmitten einer Schar von Senatsdienern ihres Amtes walten sehen konnte. Frau Leib hatte vor ihrem Manne nicht nur in der äußeren Erscheinung, sondern auch an Energie und Intelligenz manches voraus, weshalb sie scherzweise als „Ober-Leib" bezeichnet wurde.

Mit einer Einladung zu einem der großen feierlichen Senatsdiners beehrt zu werden, galt als hohe Auszeichnung, die man sich schon etwas kosten lassen konnte. Ich erinnere mich verschiedener Fälle, in denen Stifter großer Silbergeschenke auf Anregung des Rathausherrn mit einer solchen Einladung bedacht wurden. Im allgemeinen lag die Auswahl der Einzuladenden in der Hand der Senatskommission für die Reichs- und auswärtigen Angelegenheiten, deren erster Oberbeamter gewissermaßen als „Hofmarschall" Eines Hohen Senats fungierte. Bei ihm luden denn auch die verschiedenen Fürstlichkeiten ihre Halsorden ab, da den Mitgliedern des Senats die Annahme von Orden (außer Kriegsauszeichnungen) verboten war.

Bei Essen zu Ehren des Kaisers oder eines sonstigen regierenden Herrn stand der Senat dem Dienstalter nach im Ornat aufmarschiert, um den hohen Gast zu empfangen und ihm vorgestellt zu werden. Zweimal hat bei solcher Gelegenheit der Kaiser das Wort an mich gerichtet, was ich hier anführe, weil die Art und Weise der Anrede für Wilhelm II. charakteristisch ist. Das erste Mal fragte er mich bei der Vorstellung: „Regiert denn hier der Senat den Syndikus oder der Syndikus den Senat?", worauf Bürgermeister Burchard mit der diplomatischen Antwort: „Je nachdem, Euer Majestät" einfiel. Das zweite Mal meinte er etwas spöttisch auf meinen kahlen Schädel hinweisend: „Der hat wohl sehr viel nachgedacht", setzte dann aber begütigend hinzu, daß er unter seinen Leutnants in den Schützengräben auch „solche" habe. Diese Bemerkung gegenüber einem Mitgliede der gastgebenden Körperschaft wurde im Kreise des Senats als taktlos empfunden.

Zu solchen feierlichen Senatsessen wurden außer dem vollzähligen Senat nebst den Hilfsarbeitern der Vorstand der Bürgerschaft, die Spitzen der Militär- und Zivilbehörden, Mitglieder des diplomatischen und Konsular-Korps, Vertreter der Kaufmannschaft, Reederei und Industrie sowie solche Persönlichkeiten geladen, von denen man annahm, daß sie den Kaiser interessieren würden oder die über gerade schwebende wichtige Fragen besonders unterrichtet waren.

Zum Kaisersgeburtstagsessen vereinigte der bei diesem Anlasse nicht im Ornat, sondern im Frack erscheinende Senat das gesamte diplomatische und Konsular-Korps nebst einer Anzahl andrer prominenter Gäste um sich, im ganzen 80–90 Personen. Die Tafelmusik wurde vom Musikkorps des Regiments „Hamburg" ausgeführt, dem man zur Abdämpfung des Schalles in einem Nebenraume seinen Platz angewiesen hatte.

Das Essen als solches war im Rathaus eigentlich nicht so auf der Höhe, wie es dem gastronomischen Rufe Hamburgs entsprochen hätte. Es wurde von dem Ratskellerwirte geliefert, war auch häufig durch den weiten Transport schon etwas abgekühlt, ein Übelstand, dem man späterhin durch Einrichtung von Wärmvorrichtungen abzuhelfen bestrebt war. Besser waren die Weine, oft gab es einen wirklich feinen Tropfen. Gelegentlich sollen auswärtige Gäste ihrer Enttäuschung über nicht erfüllte kulinarische Erwartungen Ausdruck gegeben haben. Ganz große Essen mit einer Teilnehmerzahl bis zu etwa 300 Personen fanden im Festsaale des Rathauses statt, der sich bei Abend in seiner goldenen Pracht hervorragend ausnahm.

Nach Aufhebung der Tafel begab man sich in die benachbarten Räume, wo Kaffee, Liköre, Zigarren und Zigaretten dargeboten wurden; später gab es noch ein Glas Bier. Vielfach haben wir Hamburger die auswärtigen Gäste durch die Räume des Rathauses geführt und ihnen auch den bei solchen Anlässen geöffneten Sitzungssaal des Senats gezeigt. Das alles wurde ehrlich bewundert.

Der „Toback" unterstand der besonderen Obhut des Rathausinspektors Leib. Es soll vorgekommen sein, daß Leib allzu kühne Griffe in Zigarren- und Zigarettenkisten „suaviter in modo, fortiter in re" abzuwehren genötigt war. Um den Blumenschmuck der Tafel nicht umkommen zu lassen, ließ der Rathausherr ihn am nächsten Tage unter die Damen des Senats verteilen.

Frühstücke in kleinerm Kreise, wie sie anläßlich der Anwesenheit auswärtiger Staatsmänner oder Verhandlungskommissionen ziemlich häufig waren, fanden ebenfalls im Rathause, manchmal in der sog. „Rose" [des Ratsweinkellers], statt...

Zahllos waren die Kongresse und Tagungen, die der Senat zu empfangen hatte. Außer einer Begrüßung in der Eröffnungssitzung, die meist der für das Fachgebiet zuständige Senator oder auch der Referent wahrnahm, fanden bei wichtigen, insbesondere bei internationalen Kongressen noch besondere Senatsempfänge im Rathause statt, wobei die Begrüßungsansprache in der Regel durch einen der Bürgermeister gehalten wurde. Daran schloß sich dann noch ein Tee oder auch ein Abendessen an.

Auch sonst stand der Senat überall in erster Linie. So übersandte die Hamburg-Amerika-Linie Einladungen zur „Kieler Woche" sowie zu den Probefahrten neuer großer Dampfer, insbesondere der Riesendampfer „Imperator" und „Vaterland", an denen auch der Kaiser teilnahm. Der Norddeutsche Regatta-Verein lud den Senat zur Teilnahme an dem alljährlichen Regatta-Diner auf der Unterelbe ein, bei dem der Kaiser mehrfach bedeutsame politische Reden gehalten hat. Daneben gab es Stapelläufe, Denkmalsenthüllungen, Theaterpremieren, Festkonzerte und dgl. mehr. Eine Veranstaltung besonderer Art bedeutete die alljährliche Zusammenkunft der Senate der drei Hansestädte, die abwechselnd in einer der drei Städte stattfand. Vormittags waren Besichtigungen bemerkenswerter Einrichtungen, womöglich solcher, die es in den andern Städten nicht gab; daran schloß sich am Nachmittag ein gemeinsames Essen, das Gelegenheit zu sachdienlicher Aussprache und persönlichem Sichkennenlernen bot.

Eine eigenartige Vergünstigung, die den Mitgliedern des Senats zu Gebote stand, war ein Ferienaufenthalt im Herrenhause zu Wohldorf, über das der Finanzdeputation die Verfügung zustand. Ursprünglich Raubrittersitz, war das von einem breiten Wassergraben umgebene Gebäude im späteren Mittelalter als eine Art von Veste zum Schutze des Verkehrs ausgebaut worden. Sodann diente es dem „Waldherrn" (Senator) und dem „Herrn am Walde" (Kämmereibürger) als zeitweiliger Amtssitz und war nun als Erholungsaufenthalt für die Herren des Senats und der Finanzdeputation nebst deren Familien bestimmt. Die Einrichtung des im Erdgeschoß mit alten Möbeln behaglich ausgestatteten Hauses war in mancher andern Hinsicht recht primitiv. Vor allem fehlte eine eigene Wasserversorgung, und man hatte das Wasser aus einer benachbarten Bäckerei etwa 200 m weit heranzuschaffen; man begnügte sich mit Petroleumbeleuchtung, geflickten – manchmal auch nicht geflickten – Gardinen und an eine längst verflossene Vorzeit erinnernden sanitären Einrichtungen. Über das alles half die herrliche Natur, der verträumte alte Park, der durch den Hochwald sich hindurchwindende Ammersbek, der Wohldorfer Wald hinweg. In allen Tonarten und Versmaßen pries das Gästebuch die Romantik dieses Aufenthaltes...

Einige Worte über das offizielle gesellschaftliche Leben in Senatskreisen mögen hier noch Platz finden. Von den üblichen geselligen Veranstaltungen pflegten sich nur diejenigen Herren des Senats auszuschließen, die sich aus besondern, vor allem gesundheitlichen oder wirtschaftlichen Gründen an der Teilnahme behindert sahen. Alsbald nach meiner Wahl zum Senatssekretär statteten uns die Herren des Senats mit ihren Damen Glückwunschbesuche ab, die wir innerhalb der nächstfolgenden Wochen erwiderten. Das wiederholte sich, nachdem ich $2^{1}/_{2}$ Jahre später zum Syndikus erwählt worden war. Im Laufe des dem Eintritt in den Senat folgenden Winters wurden wir dann von der großen Mehrzahl der Senatsmitglieder eingeladen. Das Diner begann um 7 oder $7^{1}/_{2}$ Uhr; gleich bei der Anfahrt gab ein am Eingange postierter Senatsdiener darüber Bescheid, wann die Wagen zur Abholung der Gäste sich wieder einfinden sollten. Diese Stunde, es war meist 10 oder $10^{1}/_{2}$ Uhr, wurde pünktlich innegehalten. Ein Zeitraum von etwa 3 Stunden war auch vollkommen ausreichend, zumal da sehr schnell serviert zu werden pflegte. Der Teller wurde einem mitunter schon weggezogen und der nächste Gang aufgetragen, ehe man noch den vorhergehenden gänzlich hatte verzehren können. Getanzt wurde damals nach Tische nicht. Doch war das Bild der hellen Toiletten, manchmal untermischt mit militärischen oder diplomatischen Uniformen, an einer in reichem Silber- und Blumenschmuck erglänzenden Tafel prachtvoll und festlich. Die Unterhaltung ging, wenn man seine Nachbarn nicht näher kannte, in der Regel über eine „Konversation" nicht hinaus. Hatte man seinen Platz neben einem Konsul oder einer Konsulatsdame, so mußte das Gespräch meist in französischer Sprache geführt werden. Nach dem Essen pflegten sich die Herren für ein Stündchen in das Rauchzimmer zurückzuziehen; die letzte halbe Stunde war dann wieder dem Zusammensein mit den Damen gewidmet.

Die Anrede „Magnifizenz" wurde bei den Gemahlinnen der Bürgermeister im allgemeinen nicht angewendet; erhalten hatte sich jedoch von altersher die Anrede „Frau Syndika". Sprach man von den Damen des Senats, so wurde gern die Bezeichnung „die Bürgermeisterin", „die Senatorin" gebraucht. Als Kuriosum sei erwähnt, daß eine Senatsdame mit gut deutschem Namen diesem auf ihrer Besuchskarte das Wort „Madame" voranstellte.

Der ganze Charakter der Hamburger Geselligkeit war, der Wohlhabenheit jener Kreise entsprechend, im allgemeinen glanzvoll. Bei Herrendiners wurde in Bezug auf Speise und Trank gern ein gewisser Prunk entfaltet. Solche Diners wurden von einzelnen Bürgermeistern und Senatoren, namentlich aber von den bedeutenden Kaufleuten gegeben. Bei dem hohen Ansehen des Senats wurde man zu einem Herrendiner wohl auch von Persönlichkeiten geladen, zu denen bis dahin gesellschaftliche Beziehungen nicht bestanden hatten. Da gab es dann 6 bis 8 Gänge mit ebenso vielen Weinen, einer köstlicher als der andere. Bei Herrendiners traf man die Verwaltungschefs, leitende Beamte, Mitglieder der Bürgerschaft, Großkaufleute, einzelne Geistliche und sonstige Vertreter gelehrter Stände, Künstler usw. Ein Vorzug dieser Einrichtung war, daß sich dabei öfter Gelegenheit bot, schwierige amtliche oder politische Angelegenheiten zu erledigen, die an solcher Stelle viel leichter ins reine zu bringen waren als am grünen Tische. Da die Veranstaltung von Herrendiners recht kostspielig war, bestand die löbliche Gepflogenheit, daß man sie besuchen konnte, ohne sich in gleicher Weise revanchieren zu müssen.

Die alten Hamburger Familien waren eigentlich alle auf die eine oder andere Weise miteinander verwandt oder verschwägert. In der Hochsaison des gesellschaftlichen Lebens hatten manche Herren kaum einen freien Abend. Ich habe mich gewundert, daß die alten Herren aus dem Senate diesen Strapazen so gut gewachsen waren. Auch für den Magen gab es, so schien mir, eine Tradition.

KRIEGSZEIT

In diesen Lebenslauf der sauern Wochen und frohen Feste platzte Anfang August 1914 die Kriegsfurie hinein. Es war, als wenn das ganze bisherige Leben verblaßte. Jeder suchte sich neue Formen des Wirkens und des Dienens. Handel und Wandel kamen schnell zum Stillstand. Der Stern der alten Freien und Hansestadt begann zu erbleichen.

Die vordringlichste Aufgabe für den Senat war jetzt die Organisation der Fürsorge für die Angehörigen der im Felde stehenden Krieger, zu der bald in nie geahntem Ausmaße die Sorge für die Kriegerwitwen und Waisen sowie für die Kriegsbeschädigten hinzukam. An die Spitze der hierfür geschaffenen „Hamburgischen Kriegshilfe" trat der bereits als Präses des Armenkollegiums bewährte kaufmännische Senator Lattmann, ein Mann, der sich in der Welt gründlich umgesehen hatte und für die große Aufgabe einen klaren, nüchternen Verstand, ein warmes Herz und vor allem ein reiches soziales Empfinden mitbrachte. Der Kriegshilfe trat bald das „Hamburgische Kriegsversorgungsamt" unter Senator Dr. Diestel zur Seite. Dieser Stelle lag die undankbare Aufgabe ob, für die Beschaffung der zur Ernährung der Bevölkerung nötigen Nahrungsmittel zu sorgen und die mit der Zeit immer knapper werdenden Bestände bestimmungsgemäß zu verteilen. Die jetzt an den Staat auf finanziellem Gebiete herantretenden Aufgaben waren mannigfach und unübersehbar. Sie bedurften oft so schleuniger Erledigung, daß sie auf dem regelmäßigen Wege zwischen Senat und Bürgerschaft nicht abgewickelt werden konnten. Es wurde daher vom Senate bei der Bürgerschaft jeweils ein größerer Kredit als Pauschsumme beantragt, über dessen Verwendung im einzelnen auf Antrag des Senats eine aus 10 bürgerschaftlichen Vertretern bestehende Kommission namens der Bürgerschaft entscheiden sollte. Mit dieser sog. „Vertrauenskommission" war im allgemeinen glatt und gut zu arbeiten.

Das äußere Bild des Senats blieb im großen und ganzen dasselbe; auch die Verhandlungsformen und der Geschäftsgang erfuhren zunächst keine wesentliche Veränderung. In jeder Sitzung trug der Vorstand der Senatskommission für die Reichs- und auswärtigen Angelegenheiten einen oder mehrere Berichte des hamburgischen Gesandten in Berlin, Dr. Sieveking, vor, die mancherlei Interessantes brachten und oft tiefere Einblicke in den Stand der Dinge boten.

Fortlaufend berichtete dem Senat, als seinem Chef, das Regiment „Hamburg", zu dem der Senat schon in Friedenszeiten nähere Beziehungen gepflogen hatte, indem er bei besonderen Anlässen, so z. B. – was mir in Erinnerung geblieben ist – anläßlich des 40jährigen Gedenktages der Schlacht von Loigny am 2. Dezember 1870, das Offizierkorps zu einer Art von „Liebesmahl" im Rathause versammelte. Ebenso gingen dem Senate von den zahlreichen, in Hamburg oder aus Hamburgern formierten sonstigen Truppenteilen Berichte über größere Kampfhandlungen zu. Wiederholt ist auch einer der Bürgermeister an der Front gewesen, um das Regiment „Hamburg" wie auch sonstige Truppenteile zu besuchen und Hanseatenkreuze zur Verteilung zu bringen.

Daß die Reichspolitik mit der längern Kriegsdauer immer stärker nach links „absackte", zeigte sich deutlich bei der Mitarbeit im Bundesrat. Unter den damals in den Vordergrund tretenden sozialdemokratischen Reichstagsabgeordneten befand sich der Abgeordnete Ebert, der spätere Reichspräsident, und ich erinnere mich, daß der hamburgische Bundesratsbevollmächtigte Eberts kluge und maßvolle Haltung als Vorsitzender des Hauptausschusses des Reichstags anerkennend hervorhob. Die noch hochgehaltene Hoffnung auf einen glücklichen Ausgang des Krieges erhielt den ersten ernstlichen Stoß durch einen Gesandtschaftsbericht über die Kämpfe in Nordfrankreich, Anfang August 1918, bei denen aus den Reihen zurückflutender Divisionen den an ihrer Statt eingesetzten württembergischen Regimentern der Ruf „Streikbrecher" entgegenschallte.

Dem Linksabmarsch der Reichspolitik ist die Entwicklung in Hamburg nur zögernd gefolgt. Aber die „Rechts-Wahlen" zum Senat hörten doch auf. War schon kurz vor Kriegsausbruch das Bürgerschaftsmitglied Rodatz als der erste Vertreter der Fraktion der „Linken" zum Senator erwählt worden, so brachten die weiteren drei Wahlen ein zweites Mitglied der „Linken" (Wiesinger) und zwei Mitglieder der Fraktion der „Vereinigten Liberalen" (Garrels, Dr. Petersen), derjenigen Partei, die sich nach Annahme der Wahlrechtsvorlage von 1905 aus den dissentierenden Mitgliedern der bürgerlichen Parteien, in erster Linie der „Rechten", gebildet hatte. Die beiden letztgenannten Senatoren vertraten eine ausgesprochen liberale (demokratische) Politik, so daß man insoweit erstmalig von einer Gruppenbildung im Senate sprechen kann.

Während Garrels, zunächst der einzige „Vereinigt-Liberale", seine nicht selten von der Mehrheit abweichende Ansicht zwar zäh, aber doch mit der ihm als Ostfriesen eignen behaglichen Ruhe vertrat, warf Dr. Petersen das ganze Temperament und Feuer des im Wahlkampfe geschulten Politikers in die Waagschale. Petersen war ein naher Freund und Schüler Friedrich Naumanns. Sein politisches Ziel war die Versöhnung zwischen Sozialdemokratie und liberalem Bürgertum. Als Petersen Senator wurde (September 1918), glaubte man nicht mehr an einen glücklichen Ausgang des Krieges. Im Reiche hatte sich die Linkswendung angebahnt; so fühlte auch in Hamburg die Sozialdemokratie ihre Stunde herannahen und suchte Einfluß auf die allgemeine Politik zu gewinnen. Da gab es mancherlei hinter den Kulissen zu ordnen. Für diese Verhandlungen war Petersen der gegebene Mann, da die Sozialdemokratie, von der Ehrlichkeit seines Wollens überzeugt, ihm volles Vertrauen entgegenbrachte. Ich bin sicher, daß Petersen in der Zeit kurz vor und nach Ausbruch der Revolution seiner Vaterstadt unschätzbare Dienste geleistet hat.

Der Senat fühlte das Heraufziehen der Krise und ließ der Bürgerschaft unter Hinweis „auf die veränderten Zeitverhältnisse" verschiedene Vorlagen zugehen, die einen Versuch darstellten, das Unheil durch Entgegenkommen nach links, wo nicht zu beschwören, so doch abzumildern. Es handelte sich dabei u. a. um eine Neuregelung des Bürgerrechts „in freiheitlichem Sinne", wobei die Beschränkungen der Wahlrechtsvorlage von 1905 sowie der Bürgereid beseitigt wurden (Ergebnis der Beratungen einer gemischten Kommission); auf dem Gebiete des Unterrichtswesens um Gewährung von Schulgeldfreiheit und Beseitigung der Vergütung für Lernmittel in den Volksschulen sowie um Aufhebung der Vorschulen; ferner um die Errichtung eines Arbeitsamts. Zur Vertretung dieser letzten Vorlage befand ich mich am Abend des 6. November 1918 mit dem Bürgermeister von Melle als Senatskommissar in der Bürgerschaft, als der Bürgermeister während der Verhandlung hinausgebeten wurde. Der Reichstagsabgeordnete Haase (USP), der wenige Tage später als Volksbeauftragter mit an die Spitze der Reichsregierung treten sollte, wünschte ihn zu sprechen. Die Matrosenmeuterei in Kiel hatte das Signal zum Ausbruche der Revolution gegeben. Am nächsten Tage erreichte die Welle des Aufruhrs unsere Stadt...

PERSÖNLICHE ERINNERUNGEN AN MITGLIEDER DES SENATS

In den nachfolgenden Zeilen möchte ich Erinnerungen an einige markante Persönlichkeiten des Senats niederlegen. Zu der Mehrzahl der Herren habe ich in keinem nähern Verhältnis gestanden, sondern nur amtliche oder gesellschaftliche Beziehungen unterhalten. Der Zweck meiner Niederschrift ist auch nicht, erschöpfende Charakteristiken zu liefern. Ich will vielmehr persönliche Eindrücke wiedergeben und dabei hier und dort Episoden einstreuen, die geeignet sein könnten, das Bild in dieser oder jener Richtung zu vervollständigen oder zu ergänzen. Vielleicht werden diese Skizzen auch dazu dienen, durch ihre Unmittelbarkeit meiner zum Teil etwas trocknen Darstellung zu einem frischen, lebendigen Abschlusse zu verhelfen.

BÜRGERMEISTER DR. MÖNCKEBERG

Bürgermeister Dr. Johann Georg Mönckeberg stand zur Zeit meines Eintritts in den Senat im 66. Lebensjahre. Er war eine stattliche, vornehme Erscheinung. Aus seinem von einem kurzen weißen Vollbart umrahmten Antlitz erstrahlte ein großes, durchdringendes Augenpaar. Dem Besucher begegnete er mit verbindlicher Liebenswürdigkeit, doch hatte diese etwas Gemessenes, etwas von der Zurückhaltung des Niedersachsen an sich; sie war – möchte ich sagen – ein klein wenig auf Distanz eingestellt. Im Grunde war Bürgermeister Mönckeberg eine bescheidene Natur. Er wollte nur der erste Bürger seiner Vaterstadt sein. Diese Stellung füllte er dann freilich vornehm und würdig aus. Wenn er im Ornat dem Senate voranschritt, war seine Haltung gestrafft und dabei elegant; man sah ihm an, daß er sich der Bedeutung seines hohen Amtes bewußt war.

Sein Vorsitz im Senate war mustergültig. Er vereinigte hohen Ernst und strenge Sachlichkeit mit konziliantem Wesen. Seine Redeweise war bestimmt, er hatte die Verhandlung jederzeit in fester Hand. Besondere Vorzüge seines Präsidiums waren gründliche Kenntnis des Verhandlungsstoffs und Zurückhaltung in der eignen Teilnahme an der Diskussion. Hatte er selbst zu referieren, so geschah das in knapper, überzeugender Form. An seiner wohlerwogenen Ansicht hielt er fest und wußte den erhobenen Einwänden geschickt zu begegnen. Eine äußere Eigentümlichkeit war, daß er manchmal, während er den Verhandlungen aufmerksam folgte, die Augenlider niedersenkte, eine Geste, die auch auf dem großen Vogelschen Senatsbilde erkennbar ist.

Bürgermeister Mönckebergs Arbeit galt in erster Linie der Finanzverwaltung. Fast ein Vierteljahrhundert hat er die Staatsfinanzen erfolgreich geleitet, wobei er freilich für meine Begriffe die finanziellen Interessen mitunter allzusehr in den Vordergrund stellte. So lag ihm denn das soziale Empfinden weniger nahe als das wirtschaftliche. „Gesunde Finanzen" waren der Leitstern seiner Politik. In Bezug auf seine Stellung zu den Kulturaufgaben sagte Bürgermeister Burchard in seiner Gedenkrede:

„Er hat oft die Aufmerksamkeit darauf gelenkt, daß ein Stadtstaat wie der unsrige in Bezug auf die staatliche Inangriffnahme von Kulturaufgaben, die unsere nächstliegenden Interessen nicht berühren, dabei aber eine nicht zu übersehende Kostenhöhe bedingen, Vorsicht zu üben habe."

In der Sitzung der Finanzdeputation trug Bürgermeister Mönckeberg als Präses die meisten Sachen persönlich vor. Sein hervorragendes Gedächtnis erleichterte ihm die Vorbereitung. Hatte er seine 50 bis 60 Akten durchgesehen, so beherrschte er den Stoff nach allen Richtungen. Nur so war es möglich, die Arbeit in einer einzigen Deputationssitzung wöchentlich zu bewältigen.

Man fand den Bürgermeister schon früh an der Arbeit. Diese wurde durch amtliche Besuche, durch Vorträge der Beamten u. a. m. vielfach unterbrochen. Seine unerschöpfliche Arbeitskraft und Arbeitslust bewältigten alles, und der Senat fand ihn nachmittags in voller Frische. Hatte er sein Tagewerk abgeschlossen, so gehörten die Abendstunden der Familie, der Geselligkeit und der Pflege geistiger Interessen. Nach Beendigung der Senatssitzung wünschte er in seinem Hause mit dienstlichen Angelegenheiten nicht mehr behelligt zu werden. Sein Haus war seine Burg.

Bürgermeister Mönckeberg war im allgemeinen die Ruhe selbst. Nur einmal, bei der Wahlrechtsvorlage von 1905, bemächtigte sich seiner eine innere Erregung, wie ich sie bei ihm nie wieder erlebt habe. Die von ihm aufs schärfste bekämpfte Vorlage hatte Annahme gefunden. Es handelte sich darum, ob der erste Bürgermeister, wie das bei wichtigen Senatsanträgen üblich war, sie an erster Stelle in der Bürgerschaft zu vertreten habe. Da erklärte Mönckeberg mit flammendem Blick, so könne und werde er sich nicht prostituieren, und er hoffe, daß der Senat von seiner Abordnung in die Bürgerschaft absehen werde. Da Bürgermeister Burchard die Vertretung ebenfalls ablehnte, ging der betagte Senator O'Swald als führender Kommissar in die Bürgerschaft, wo denn auch der Ruf „Wo bleiben unsere Bürgermeister?" ertönte.

Vielfach hat Bürgermeister Mönckeberg den Senat in der Bürgerschaft vertreten. Seine dort gehaltenen Reden waren oratorische Meisterwerke. Lag ihm die Vertretung des Senats bei Kongressen oder Empfängen ob oder hatte er bei einem feierlichen Senatsdiner zu sprechen, so geschah das stets ebenso würdig, wie nach Inhalt und Form mustergültig.

Mit besonderer Zuneigung hing er an dem alten Herrenhaus in Wohldorf. Dorthin richtete sich alljährlich eine in vierspännigen Equipagen unternommene Besichtigungsfahrt der Finanzdeputation. Auf diese Fahrt freute er sich schon lange vorher, und abends beim Skat war er einer der eifrigsten und ausdauerndsten Spieler.

Hatte die vor seiner Wahl in den Senat von ihm betriebene einträgliche Advokatur ihm schon die Ansammlung von Kapital ermöglicht, so wurde er durch den Tod des Adoptivvaters seiner Gemahlin, des kaufmännischen Senators Tesdorpf, zum reichen Manne. Um 1905 bezog er seine, ganz nach eigenem Geschmack erbaute Villa Feldbrunnenstraße 50. Er machte gesellschaftlich ein großes Haus und vertrat auch auf dem Parkett den Senat in würdigster Weise. Über der Eingangstür seines Hauses stehen, in den Stein eingemeißelt, die Worte: „Pie, Honeste, Temperanter". Mit diesem Wahrspruch wird der Bürgermeister selbst treffend charakterisiert. Er war tiefinnerlich „fromm"; religiöse Fragen lagen ihm zeitlebens am Herzen. Er war „ehrbar", d. h. grundreell und solide in der Verwaltung der Staatsfinanzen, wie seiner persönlichen Angelegenheiten; ein „ehrbarer Kaufmann" im höchsten Sinne des Wortes. Und endlich war er „maßvoll", ein Feind der Übertreibung und des leeren Scheines, bei aller Vornehmheit und Würde innerlich einfach und bescheiden... Ich habe „meinem ersten

Ersten Bürgermeister", dem ausgezeichneten Menschen und Staatsmann, allezeit ein dankbar-verehrungsvolles Gedächtnis bewahrt.

Über den Wahrspruch „Pie, Honeste, Temperanter" ist aus der „Geschichte des Tesdorpfschen Geschlechts bis 1920" zu ersehen, daß dieser von einem Vorfahren der Frau Bürgermeister Mönckeberg, dem Lübecker Bürgermeister Peter Hinrich Tesdorpf (1648–1723), herrührt, der ihn nach den Anfangsbuchstaben seiner Namen P H T sich erkoren hat.

BÜRGERMEISTER DR. BURCHARD

Bürgermeister Dr. Johann Heinrich Burchard wurde schon im Alter von 32 Jahren zum Senator erwählt. Selbst dem Patriziat entstammend, war er mit einer Patriziertochter, einer geborenen Amsinck, verheiratet. Schon seine äußere Erscheinung, wie seine Bewegungen hatten etwas Hoheitsvolles und Elegantes. Er war groß und hager, eine Hakennase gab dem schmalen, blassen Gesicht ein rassiges Gepräge. Auch seine Umgangsformen kennzeichneten ihn als Grand-Seigneur. Betrat der Besucher, von dem amtierenden Senatsdiener zunächst in das Vorzimmer geleitet und sodann bei dem Bürgermeister angemeldet, dessen geräumiges, in gediegener Vornehmheit ausgestattetes Arbeitszimmer, so erhob sich sogleich der stets dunkel gekleidete Bürgermeister, um dem Eintretenden entgegenzugehen und ihn mit Händedruck zu begrüßen. Mochte es sich um einen amtlichen Vortrag oder um einenn bloßen Besuch handeln, stets hörte der Bürgermeister aufmerksam zu und führte seinerseits das Gespräch mit einer solchen Liebenswürdigkeit und persönlichen Anteilnahme, wie ich es bei einem so in Anspruch genommenen hohen Herrn kaum je wieder erlebt habe. Unter den im Arbeitszimmer vorhandenen mancherlei Andenken, Kunstwerken usw. fesselte den Blick besonders eine lebensgroße Marmorbüste des Kaisers in der Uniform der Garde du corps, auf dem Helm den die Schwingen regenden Adler, auf hohem Marmor-Postament. Burchard stand dem Kaiser Wilhelm II., der ihm die Büste verehrt, freundschaftlich nahe. Diese herzlichen Beziehungen traten bei jedem Zusammentreffen deutlich hervor, und der Kaiser gab ihnen nach Burchards Tode menschlich-schönen Ausdruck, indem er der Witwe einen längern, ganz persönlichen Besuch abstattete. Bürgermeister Burchard war durch seine Amtsgeschäfte stark in Anspruch genommen; trotzdem wurde er nicht ungeduldig, sondern ließ jeden Besucher zu seinem vollen Rechte kommen. Beim Abschied gab er ihm bis zur Tür das Geleite, wo der Senatsdiener wieder in Tätigkeit trat.

Die amtliche Belastung des Bürgermeisters hätte, dem Umfange der Geschäfte nach, keine so erdrückende zu sein brauchen. Abgesehen von dem – nur zeitweiligen – Präsidium im Senat, dessen er sich allerdings mit großer Gründlichkeit annahm, führte er nur die Ämter als Vorstand der Senatskommission für die Reichs- und auswärtigen Angelegenheiten und als Vorstand der Militärkommission des Senats. Dazu kam allerdings noch die einem starken innern Drang entspringende eifrige Betätigung in kirchlichen Angelegenheiten, insbesondere als Präses des Kirchenrats. Seine Hauptarbeit fand Burchard in der „auswärtigen Abteilung." Er neigte dazu, seine amtlichen Handlungen mit einer gewissen feierlichen Grandezza zu umgeben. Und so gewannen die Verhandlungen mit dem Reiche, mit den Diplomaten und Konsuln allzuoft den Charakter von Haupt- und Staatsaktionen; das kostete natürlich Zeit. Sicher ist, daß Burchard den Diplomaten und Konsuln durch seine fürstlichen Allüren, wie auch durch die gewinnende Art seines Auftretens in hohem Grade imponiert und damit die hamburgischen Belange wesentlich gefördert hat. Im Senat wurde er scherzweise „Heinrich der Prächtige" genannt.

Als anläßlich des 60jährigen Regierungs-Jubiläums des Kaisers Franz Joseph I. von Österreich im Jahre 1908 Kaiser Wilhelm II. an der Spitze der deutschen Bundesfürsten zur Beglückwünschung nach Wien reiste, nahm Bürgermeister Burchard an diesem feierlichen Akt als Vertreter der drei Hansestädte teil. Er machte im Ornat eine prachtvolle Figur, und wenn er sich dort „unter seinesgleichen" gefühlt hat, so ist das durchaus begreiflich. Man empfand es auch als wohlberechtigt, wenn Hauptpastor Hunzinger in seiner Gedächtnisrede bei der Leichenfeier im Jahre 1912 wiederholt von Burchard als von dem „königlichen Bürgermeister" sprach. Wie ein Königsgrab mutet auch seine Ruhestätte in Ohlsdorf an.

Bürgermeister Burchard war tiefinnerlich fromm und stand, gleichwie Bürgermeister Mönckeberg, auf streng orthodoxem Standpunkt. Er war auf theologischem Gebiet ungewöhnlich interessiert und bewandert und auch mit der Würde eines Doktors der Theologie ausgezeichnet worden. Zu den Funktionen des Patronats (d. i. das Kollegium der evangelisch-lutherischen Mitglieder des Senats) gehörte die Bestätigung der von den einzelnen Kirchenvorständen gewählten Pastoren. Ein solcher Fall brachte die ausgedehntesten Referate, die ich im Senat erlebt habe. An St. Katharinen war ein Pastor Heydorn gewählt worden, der, nachdem er Offizier und katholischer Geistlicher gewesen, nun als protestantischer Pfarrer an seinem bisherigen Amtssitze durch seine Lehre Anstoß erregt hatte. Als Referent war Bürgermeister Burchard tief in die theologischen Fragen und Probleme eingedrungen und beantragte nach vierstündigem Vortrage die Versagung der Bestätigung aus kirchlich-dogmatischen Gründen. Ihm trat Senator Dr. Predöhl in zweieinhalbstündigem Korreferat entgegen. Hamburg galt damals als Hort kirchlicher Freiheit, und so wurde Heydorn bestätigt. Leider; denn er entwickelte sich zu einer Art von „Edelkommunisten" und war schließlich seiner Lehre halber auch für Hamburg untragbar.

Das Präsidium im Senate führte Burchard sachlich und würdig. Er nahm die Dinge manchmal vielleicht allzu ernst und gewissenhaft und war überarbeitet. In solcher nervösen Überreizung konnte er wohl einmal die Nerven verlieren und heftig werden, aber er bekam sich schnell wieder in die Gewalt. Ihm eignete ein ausgesprochenes soziales Empfinden; er stand hier über den Parteien. Seine großen Staatsreden waren ebenso inhaltreich und formvollendet. Dabei sprach er auch bei solchen Gelegenheiten, ebenso wie Bürgermeister Mönckeberg, vollständig frei, ohne die Krücke des notenpultartigen Konzeptträgers, der späterhin üblich wurde.

Bürgermeister Burchard war wirtschaftlich in der Lage, den Senat in gesellschaftlicher Hinsicht und auf das vornehmste zu repräsentieren, wofür sein Haus an der Klopstockstraße den schönsten Rahmen bot. Seine besondere Vorliebe galt dem Militär. Er hatte sich bei Ausbruch des Krieges von 1870 als Primaner freiwillig gemeldet und den Feldzug als Husar mitgemacht. Merkwürdigerweise war er nicht Reserveoffizier geworden; erst zu meiner Zeit wurde ihm, der als Vorstand der Militärkommission viel mit hohen militärischen Chargen zusammenkam, der Charakter als Sekond-Lieutenant verliehen.

Einen eigenartigen Vorfall erlebten wir auf einer großen Gesellschaft bei Burchards. Unter den Gästen befand sich auch der kurz vorher nach Altona gekommene Oberbürgermeister T. nebst Gattin. Als nach der Tafel Frau Bürgermeister Burchard Cercle bildete, richtete die Altonaer Oberbürgermeisterin an sie die Frage, wann denn ihr Mann Oberbürgermeister würde. Wer da weiß, wie in Hamburg alles auf den Bürgermeister als das „Staatsoberhaupt" zugeschnitten war und wie diese

Auffassung ganz besonders den Bürgermeister Burchard erfüllte, der vermag sich auszumalen, welches Entsetzen diese Frage bei der also Angeredeten und bei den umsitzenden Hamburger Senatoren- und Patrizierdamen hervorrief.

War es Bürgermeister Burchard auch nicht vergönnt, seine staatsmännischen Qualitäten für die Lösung einer in Hamburgs Geschichte tief eingreifenden großen Frage einzusetzen, so hat er durch den von seiner Person ausstrahlenden Glanz, durch seine tiefe Sachkenntnis und sein diplomatisches Geschick Hamburgs Stellung bei Kaiser und Reich in bedeutsamer Weise gefördert und gefestigt. Auch der kleine Mann blickte mit Stolz auf die glanzvolle Persönlichkeit dieses „königlichen Bürgermeisters".

BÜRGERMEISTER DR. PREDÖHL

Vor seiner Wahl in den Senat (1893) galt Dr. Max Predöhl als einer der scharfsinnigsten und gewandtesten Anwälte Hamburgs; er erfreute sich vor allem bei der Kaufmannschaft größter Beliebtheit und genoß das höchste Vertrauen. Auch im Senat hatte er sich auf Grund seiner raschen Auffassung, der Fülle und Eigenart seiner Gedanken und seiner dialektischen Gewandtheit schnell ein gewisses Ansehen erwerben können. Doch entging dem unbefangenen Beobachter nicht, daß er mehr der vielgewandte Advokat geblieben war, als daß er sich zum Staatsmann entwickelt hatte. Wohl fehlte es ihm nicht an geistreichen Ideen und Einfällen, wohl hat er nicht selten die Diskussion durch neue Gesichtspunkte bereichert, aber andrerseits steckte er so voll Bedenken, daß ihm die Treffsicherheit und der Zug ins Große fehlten. Als Präsident des Senats stand er nicht genügend über der Sache; manchmal ließ er sich unbewußt von der Debatte tragen, an der er allzu ausgiebig teilnahm, anstatt sich, wie etwa Mönckeberg, auf ein knappes Schlußwort zu beschränken. Die freilich seltene Gabe, sich bei seinen sorgfältig ausgearbeiteten, gewählt formulierten und pathetisch vorgetragenen Staatsreden vom Konzepte freizumachen, war ihm nicht verliehen. Auch die Kaisersgeburtstagsrede an festlicher Tafel hielt er nicht ohne den Anhalt des Konzeptes. Selbst kurze, nur einige Sätze umfassende Nachrufe, wie sie anläßlich des Todes eines Kollegen bei Eröffnung der

Senatssitzung üblich waren, hielt dieser geschulte Redner nicht, ohne ein paar Notizen vor sich zu haben. Dabei war er von der hohen staatsmännischen Bedeutung seiner Reden tief durchdrungen; als er in der Bürgerschaft zur Wahlrechtsvorlage gesprochen hatte, wandte er sich an verschiedene Herren de senatu mit der Frage, ob sie auch seine Bürgerschaftsrede gelesen hätten.

Bürgermeister Predöhl war Präses der Baudeputation, deren drei Abteilungen (Hochbau, Ingenieurwesen, Strom- und Hafenbau) von ausgezeichneten Technikern geleitet wurden; was er in diesem seinem Ressort persönlich geleistet hat, entzieht sich meiner Beurteilung. Sicher ist, daß er den Sachen gern voll gerecht werden wollte, wobei dann Gründlichkeit leicht zur Umständlichkeit werden konnte. Kam man zum Vortrag oder zu einer Beratung zu ihm, wies er gern darauf hin, daß „seine Zeit minutenweise besetzt sei". Nachher geizte er dann aber keineswegs mit seinen Minuten, wobei seine große persönliche Liebenswürdigkeit mitgewirkt haben mag. Manchmal sprach er wie in Gedanken vor sich hin. Sah er sich dabei beobachtet, pflegte er zu sagen: „Entschuldigen Sie, ich dachte laut."

Seine Ideen waren mitunter so eigenartig, daß sie bis an die Grenze des Komischen heranreichen konnten. Als seinerzeit im Senate die Benennung der „Hochbahn" zur Erörterung stand, wandte er gegen diese Bezeichnung ein, daß man eine Bahn, die zur Hälfte „Tiefbahn" sei, nicht gut „Hochbahn" nennen könne. Er regte daher die Bezeichnung „Hoch- und Tiefbahn" an. Ganz von selbst werde sich dann die Abkürzung HuT bilden, und es werde heißen: „Wir nehmen die (den) HuT" oder „laßt uns mit der (dem) HuT fahren." Ein andermal handelte es sich um eine Straßenbenennung; ich meine, es war „Gesundbrunnenstraße" vorgeschlagen. Predöhl empfahl die Streichung des Wortteils „straße" und gab dazu folgende Begründung: „Daß es eine Straße ist, sieht man; ich heiße doch auch nicht Predöhlmensch, sondern Predöhl."

Bürgermeister Predöhl war von kleinem Wuchs und dabei stark; der Kopf war groß und durch einen kurzen Hals mit dem Oberkörper verbunden. Er sprach meist sehr schnell, wobei einzelne Worte stark betont wurden. Der Gang war etwas wiegend. Er selbst entstammte nicht dem Patriziat, hatte aber eine geborene Amsinck zur Frau und genoß schon als Advokat eine große gesellschaftliche Stellung. Das ihm gehörige imposante Amsincksche Haus am Harvestehuder Weg war die Stätte einer vornehmen, großzügigen Geselligkeit; gewinnende Liebenswürdigkeit ging dabei von den Gastgebern aus. Es war meiner Erinnerung nach in Anlaß des 25jährigen Senatsjubiläums von Bürgermeister Burchard, daß Bürgermeister Predöhl den gesamten Senat nebst den Damen zu einem festlichen Mahle vesammelt hatte. In launiger Ansprache wies er darauf hin, daß die Päpste bei der Auswahl der Kalendernamen sehr vorsichtig zu Werke gegangen seien. Doppelt bedeutsam erscheine daher, daß man vorausahnend den beiden Bürgermeistern Burchard und O'Swald schon einen Platz im Kalender angewiesen habe. (Die Namen Burchard und Oswald sind „Kalendernamen".)

Bei der Neuwahl des Senats von 1919 wurde Bürgermeister Predöhl nicht wiedergewählt. In Senatskreisen hieß es, daß er sich immer mehr zum Sonderling entwickelt habe. So solle er erwarten, daß man ihn in das Bürgermeisteramt zurückberufen werde, wenn erst der Karren völlig festgefahren sei.

Als stiller Mann ist er im Jahre 1923, 69jährig, dahingegangen.

BÜRGERMEISTER DR. VON MELLE

Es war Ende der 1890er Jahre, als ich mit dem Syndikus Dr. Werner von Melle, der damals Präsidialmitglied des Armenkollegiums und Vorsitzender der Sektion für das Werk- und Armenhaus war, in amtliche Beziehungen trat. Die geschlossene Armenpflege bewegte sich zu jener Zeit in Deutschland durchweg in veralteten Bahnen und war auch in Hamburg entschieden reformbedürftig. Ich hielt damals im Deutschen Verein für Armenpflege und Wohltätigkeit ein Referat über diesen Gegenstand, das lebhafter Zustimmung begegnete. Um meine Vaterstadt aufzurütteln und auch hier eine Bewegung zugunsten der inneren und äußeren Umgestaltung der geschlossenen Armenpflege in Gang zu bringen, benutzte ich die alljährliche Versammlung der Organe der Armenverwaltung zu kritischen Ausführungen. Schon während meines Vortrages bemerkte ich, wie Syndikus von Melle auf den Präses Senator Hachmann einredete, der dann auch im Anschluß an meinen Vortrag zu einigen beschwichtigenden Bemerkungen das Wort ergriff. In der alsbald einberufenen Sektionssitzung wurde mir vorgeworfen, daß ich meine Anregungen gleich vor die Öffentlichkeit gebracht hätte, statt sie in der Sektion zur Sprache zu bringen. Jedenfalls sind meine Darlegungen nicht fruchtlos geblieben, und auch der zunächst gekränkte

Vorsitzende der Sektion hat mir mein Vorgehen auf die Dauer nicht nachgetragen. Er hat mich sogar, nachdem er bald darauf zum Senator erwählt und Präses der Oberschulbehörde geworden war, zu Vorträgen über Armenwesen im Rahmen des Allgemeinen Vorlesungswesens herangezogen.

Im Jahre 1906 wurde ich Präsidialmitglied der Oberschulbehörde und hatte nun als Mitglied der 1. Sektion Gelegenheit, den Präses bei seiner auf Schaffung der Hamburgischen Universität gerichteten Lebensarbeit zu beobachten. In stillem Wirken ward Stein an Stein gesetzt: „Immer daran denken, doch nicht davon reden." Der 1. Sektion waren sowohl die Wissenschaftlichen Anstalten, wie auch das Allgemeine Vorlesungswesen unterstellt, die beiden Keimzellen, aus denen die Universität erwachsen sollte; hinter ihnen stand die ebenfalls von von Melle geleitete, dank seiner persönlichen Initiative über immer reichere Mittel verfügende Wissenschaftliche Stiftung. Mit besonderer Sorgfalt ließ sich Senator von Melle die Auswahl der Professoren und wissenschaftlichen Assistenten angelegen sein. Mit Hilfe der von der Wissenschaftlichen Stiftung geleisteten Zuschüsse konnten ausgezeichnete Gelehrte für Hamburg gewonnen werden. Jeder Berufung oder Wahl ging, ganz nach akademischem Vorbilde, die Einholung von Gutachten der hervorragendsten Fachleute, die alle willig Auskunft erteilten, voraus. Ich habe es mir gern angelegen sein lassen, den Universitätsgedanken zu fördern, soweit sich mir dazu Gelegenheit bot...

Bürgermeister von Melle legte auf äußere Formen keinen allzu großen Wert, auch hatte er in seinem Wesen wenig Verbindliches. Die Haltung war lässig. Sein Blick konnte sich manchmal verschleiern, trotzdem aber entging ihm nichts. Als Präsidenten des Senats lag ihm alles Feierliche, Pathetische fern; man wird aber anerkennen müssen, daß seine nüchterne, kühle Sachlichkeit den gegebenen Verhältnissen am besten entsprach. Trug man ihm eine Frage vor, um seine Entscheidung herbeizuführen, so konnte man es erleben, daß er einen groß ansah mit der Erklärung, das weitere müsse sich finden.

Trotz seiner wenig verbindlichen Art war Bürgermeister von Melle vermöge seines ungewöhnlich reichen Wissens und Könnens sowie seiner großen Belesenheit auf den verschiedensten Gebieten ein Mann von hoher geistiger Kultur. In Gesellschaft von Gelehrten wurde er lebendig und anregend. Ich habe seine kleinen einfachen Herrendiners im Kreise von 8 bis 10 Personen, meist Männern der Wissenschaft, in angenehmster Erinnerung.

Nach seinem Ausscheiden aus dem Senate kam er täglich zur Universität, mit deren Gliedern er als Ehrenrektor in steter Fühlung blieb. Bei allen Feiern schritt er in dieser Eigenschaft an der Seite des Rektors dem Lehrkörper voran.

Unter seinem im Vestibül der Universität aufgestellten Broncebilde stehen die Worte:
D Dr. Werner von Melle
Inauguratori Universitatis

Diese geistige Großtat sichert ihm einen Platz unter Hamburgs hervorragenden Bürgermeistern.

SYNDIKUS ROELOFFS

Meine erste Begegnung mit Syndikus Hugo Amandus Roeloffs knüpft sich an einen Besuch, den ich ihm im Frühjahr 1897 abstattete, als der Senat mich auf den engern Aufsatz für die Wahl des Direktors des öffentlichen Armenwesens gebracht hatte und ich ersucht worden war, den Herren des Senats meine persönliche Bekanntschaft zu vermitteln. Syndikus Roeloffs unterhielt sich längere Zeit mit mir und kam zuletzt auf den „ehrenamtlichen Apparat" in der Armenpflege zu sprechen, aus dessen Kreise meinem Vorgänger Dr. Münsterberg allerlei Steine in den Weg gelegt worden waren. Er bemerkte dabei, „es handele sich da um ein schönes Instrument, man müsse es nur zu spielen verstehen". Wie hoch sein Ansehen im Senate stand, erfuhr ich um dieselbe Zeit durch eine Äußerung Senator Hachmanns, über die bereits oben berichtet wurde. Mir ist auch bekannt, daß Bürgermeister Predöhl ihn öfter schon in früher Morgenstunde aufsuchte, um sich mit ihm über die wirtschaftliche Seite wichtiger schwebender Fragen zu besprechen.

Als ich 8 Jahre später in den Senat eintrat, fesselte der mir schräg gegenüber sitzende 61jährige mich durch die Würde seiner äußeren Erscheinung und die seine ganze Wesensart beherrschende olympische Ruhe und Abgeklärtheit. Roeloffs war von hohem, stattlichem Wuchs, hatte volles ergrauendes Haar und rötlichen Vollbart. Seine Lebensformen waren vornehm und verbindlich, die Bewegungen ruhig und gemessen, wie ihm überhaupt alles Hastige, Überstürzte fernlag. Stand er mir auch im Lebensalter um ein halbes Menschenalter voran, so kam er dem jungen Senatssekretär doch von Anfang an mit liebenswürdigem Interesse entgegen, aus dem sich mit der Zeit eine herzliche Freundschaft entwickelte. Er habe, so sagte er mir einmal, sich gar manchmal über meine Lebendigkeit und die im Senat ungewohnte Offenheit gefreut, während ich zu seiner überlegenen Klugheit und reifen Erfahrung in Verehrung aufblickte.

Roeloffs referierte ohne sonderliches Temperament, sein Vortrag war aber stets klar und fein abgewogen. Die souveräne Beherrschung der von ihm behandelten schwierigen, meist dem Spezialgebiete des Zoll- und Steuerwesens, der Handelsbeziehungen oder Handelsverträge zugehörigen Fragen ließ ihn nur selten Widerspruch finden. Auf dem Gebiete der Zoll- und Handelsfragen war er unbestrittener Meister. „Es gab Niemand in Hamburg, der Gesetzgebung und Technik des deutschen Zollwesens gleich ihm beherrschte und der den hamburgischen Handelsbetrieb bis in die letzten Einzelheiten kannte" – so urteilt über ihn v. Eckardt in seinen Lebenserinnerungen. Dabei verdankte er alles, was er erreicht, nur sich selbst, seiner seltenen Begabung, seinem nie ermüdenden Fleiß und nicht zuletzt auch seinem liebenswürdigen, taktvollen Wesen.

Der Weg, der Roeloffs auf die Höhe des Lebens führte, ist ein ganz besonderer, vielleicht einzigartiger gewesen. Deshalb will ich hier darauf etwas näher eingehen, zumal da auch Roeloffs selbst mir oft und gern von den früheren Zeiten gesprochen hat, so daß diese für mich gewissermaßen ein Stück eigenen Erinnerns geworden sind.

Das Leben hat Roeloffs den Aufstieg nicht leicht gemacht. Schon mit 13 Jahren mußte er die Realschule verlassen, um für den Unterhalt der Familie mit sorgen zu helfen. Es war zur Zeit der großen Handelskrise von 1857, als er bei der Anwaltsfirma Dres. Albrecht & G. Hertz als Schreiber eintrat und hier frühzeitig Einblick in die damalige Notlage weiter Kreise des Hamburger Handels gewinnen konnte. Im Jahre 1861 folgte er einer Aufforderung zum Übertritt an das Handelsgericht, dessen Präses Dr. Versmann war. Auf Anregung des letzteren, der inzwischen zum Senator erwählt und an die Spitze der Deputation für indirekte Steuern und Abgaben getreten war, ging Roeloffs im Mai 1864 zu dieser Behörde über, der er dann bis zu seinem Übertritt in den Ruhestand im Jahre 1913, also nahezu 50 Jahre, zuerst als „interimistischer Zoll- und Acciseswächter zweiter Klasse", zuletzt als Syndikus und zweites Präsidialmitglied angehört hat.

Überall hielt er die Augen offen, nahm er in sich auf, was es zu lernen gab, überall wurde er aber auch schnell als hervorragende Arbeitskraft erkannt und in steigendem Maße zu schwiergen und verantwortungsreichen Arbeiten herangezogen. Als Senator Dr. Kirchenpauer anfangs 1867 zu den Beratungen über die Verfassung des Norddeutschen Bundes und zu Vorbesprechungen über die Festsetzung des Freihafen-Aversums nach Berlin ging, erbat er sich Roeloffs als Begleiter. Daneben arbeitete Roeloffs außerhalb des Amtes unablässig an seiner Weiterbildung. Von 1864–68 besuchte er die Fortbildungsanstalt des Realgymnasiums, wo er bei hervorragenden Dozenten, wie Prof. Aegidi und Dr. Soetbeer, Geschichte und Volkswirtschaft hörte; auch beteiligte er sich an Übungen in Shakespeare-Übersetzung und Erläuterung sowie im freien Vortrag.

In steigendem Maße zog Senator Versmann ihn zur Mitarbeit, nicht nur an den Präsidialgeschäften der Behörde, sondern auch an den Senatsgeschäften heran, wobei Roeloffs vor allem in die komplizierte Zollgesetzgebung sowie die Praxis des Zollwesens hineinwuchs und sich auf diesem und einigen verwandten Gebieten hervorragenden Sachverstand erwarb, den er bei den häufigen Verhandlungen in Berlin, zu denen er seinen Chef Versmann begleitete, zu verwerten in der Lage war. Nicht minder groß war auch seine Sachkunde auf dem Gebiete der Handelsstatistik, um deren Neugestaltung er sich hervorragende, späterhin vom Reich auf das wärmste anerkannte Verdienste erworben hat.

Seit 1879 war er dann fortlaufend an allen Verhandlungen in Berlin beteiligt, die über die Erhöhung des Freihafen-Aversums der Hansestädte, über den Zollanschluß von Altona, St. Pauli und der Unterelbe sowie über den Zollanschluß von Hamburg stattgefunden haben. Von November 1881 bis Januar 1882 hat er zufolge Auftrags des Senats an den Verhandlungen des Reichstags über den Zollanschluß Hamburgs als Kommissar des Bundesrats teilgenommen.

In Anerkennung seiner ausgezeichneten Leistungen wurde er 1880 zum Sekretär der Deputation für indirekte Steuern und Abgaben ernannt, eine Stellung, für die im allgemeinen eine abgeschlossene juristische oder volkswirtschaftliche Vorbildung Voraussetzung war. Daß bei Roeloffs hiervon abgesehen wurde, bedeutete eine seltene Ausnahme. Das galt in noch höherm Maße für seine Erwählung zum Senatssekretär 1882 und zum Syndikus 1889. Namentlich die Syndikusstellen waren im allgemeinen nur Juristen zugänglich. Aber bei ihm durfte man getrost von dieser Regel abweichen, war er doch an Judiz wie an volkswirtschaftlichem Wissen und Können gar manchem zünftigen Rechtsgelehrten oder Volkswirtschaftler überlegen.

Den Höhepunkt seines Lebens bildete für Roeloffs die Teilnahme an den Verhandlungen über den von Bismarck gewollten Zollanschluß Hamburgs, der eine tief in das wirtschaftliche Leben der Stadt einschneidende Maßnahme bedeutete, so schwerwiegend, daß Hamburg geradezu in zwei feindliche Lager gespalten wurde. An der Spitze der Anhänger des Zollanschlusses im Senate standen Senator Versmann und Roeloffs, die Gegenpartei wurde von Bürgermeister Kirchenpauer geführt. So hatte Roeloffs, in dessen Händen die Vertretung der Hauptsache nach lag, nach zwei Fronten zu kämpfen. Einmal galt es, vom Reiche möglichst günstige Bedingungen für Hamburg herauszuholen. Daneben war dann der Kampf gegen die Opposition im eigenen Hause zu führen. Der Ausgang der Verhandlungen im Reiche war für Hamburg so günstig, daß die Gegner im Senate schließlich die Segel strichen. An diesem glücklichen Ausgange war Roeloffs wesentlich beteiligt; hier hat er sich ein geschichtliches Verdienst um die Vaterstadt erworben.

Ich gebe nachstehend nochmals v. Eckardt das Wort, der den entscheidenden Teil der Zollanschlußverhandlungen im Senate miterlebt hat. Er sagt (Lebenserinnerungen II, S. 59):

„Roeloffs' Verdienst um das Zustandekommen der Verständigung, die er vermitteln half, wird kaum hoch genug angeschlagen werden können ... Trotz berechtigten Selbstgefühls war Roeloffs klug genug, niemals mit seiner Person hervorzutreten und dadurch den Mann, dem er die gesamte Karriere verdankte, in gewissem Sinne zu seinem Schuldner zu machen. Im Grunde seines Wesens war Versmann billig, gerecht und wenn er sich auf sich selber besann, auch bereit, fremdes Verdienst gebührend anzuerkennen. Das hat niemand in so reichlichem Maße erfahren wie Roeloffs, den sein Chef vom Subalternbeamten zu einem der einflußreichsten Männer der Stadt gemacht hat, indem er sich zugleich das Verdienst erwarb, dem hamburgischen Gemeinwesen eine Arbeitskraft ersten Ranges zugeführt zu haben."

Roeloffs' erfolgreiches Wirken in der Zollanschlußfrage hatte die besondere Aufmerksamkeit des Fürsten Bismarck erregt und seine wärmste Anerkennung gefunden. So erging von Berlin aus ein Fühler, ob für ihn eine Ordensauszeichnung angebracht sei. Diese Anregung wurde hamburgischerseits in verneinendem Sinne beantwortet, dabei aber zum Ausdrucke gebracht, daß ein Anerkennungsschreiben gern entgegengenommen werden würde. In einem daraufhin dem Fürsten von dem preußischen Finanzminister Bitter erstatteten Bericht erbittet der Minister eine Entscheidung, ob ein solches Schreiben durch den Fürsten selbst oder, falls dies erwünschter erscheinen sollte, durch ihn (Bitter) erlassen werden solle.

Durch ein am Rande des Berichts vermerktes „ja" entschied der Fürst, daß er selbst das Schreiben an Roeloffs zu richten wünsche. Es ist von Interesse, daß der Fürst in dem ihm daraufhin vom Minister vorgelegten Entwurf eigenhändig verschiedene Änderungen vorgenommen hat. Hiervon erhielt Roeloffs bei späterer Anwesenheit in der Reichskanzlei Kenntnis, indem ein dortiger Beamter ihm sagte, das Schreiben an ihn habe allerlei Mühe gemacht, es sei vom Fürsten persönlich in verschiedenen Punkten abgeändert worden. Roeloffs gewann dann Gelegenheit, die das Schreiben enthaltenden Akten einzusehen. Nachstehend ist das Schreiben in der Weise wiedergegeben, daß daraus der ursprüngliche Entwurf und die Änderung des Fürsten ersichtlich sind*:

Berlin, den 30. Januar 1882

Nachdem Euere Hochwohlgebohren bereits bei den *Vor*Verhandlungen wegen Eintritts Hamburgs in den Zollverband des Deutschen Reiches mitgewirkt, hat der Senat der freien und Hansestadt Hamburg auf den von mir ausgesprochenen Wunsch der Commitierung eines dortseitigen Beamten behufs Vertretung der Vorlage des Bundesraths im Reichstage ›insbesondere bezüglich der etwa vorkommenden wirtschaftlichen und Handelsfragen‹ Euere Hochwohlgeboren mit entsprechendem Auftrage versehen.

Die bezeichnete Vorlage ist jetzt durch den am 23. d. Mts. erfolgten Beschluß des Reichstages ›mit großer Mehrheit‹ zur Annahme gelangt und ›es‹ gereicht *es* mir zur Freude, Euerer Hochwohlgeboren meinen Dank und meine Anerkennung aussprechen zu können für die in der Reichstagskommission und im Plenum des Reichstages mit großer Sachkenntnis und mit Geschick ›bewirkte Teilnahme‹ *ausgeführte Mitwirkung* an der Vertretung dieser ›ebenso wichtigen wie schwierigen‹ *für die Durchführung unserer nationalen Institutionen, wie für das wirthschaftliche Gedeihen Hamburgs und seines ausgedehnten Hinterlandes gleich wichtigen* Angelegenheit.

---

* Bismarcks eigenhändige Einfügungen in den Entwurf sind kursiv, von ihm Gestrichenes ist Petit in spitzen Klammern gesetzt.

Ich bin überzeugt, daß die zu erwartende günstige Entwickelung des Hamburger Handels- und Schiffahrtsverkehrs auf der neugewonnenen Grundlage seinerzeit Ihnen einen befriedigenden Rückblick auf die Thätigkeit gewähren wird, welche Sie bei den Vorbereitungen für das zu erlassende Gesetz ausgeübt haben.
Euere Hochwohlgeboren bitte ich, die Versicherung meiner ausgezeichneten Hochachtung entgegen zu nehmen

gez. v. Bismarck

Seiner Hochwohlgeboren
dem Hamburgischen Secretair
der Deputation für indirekte
   Steuern und Abgaben,
     Herrn Roeloffs
R 314   zu
95   Hamburg

Auf die mannigfachen sonstigen Aufgaben, die Roeloffs während seiner 30jährigen Senatstätigkeit zu bewältigen hatte, soll hier nicht näher eingegangen werden. Nur der Tatsache sei noch gedacht, daß der Senat ihn gern in den engern Kreis der Mitglieder in senatu aufgenommen hätte. Diese Absicht scheiterte an der Honorarfrage. Nach den geltenden Bestimmungen konnten zu rechtsgelehrten Senatoren nur Personen erwählt werden, die über eine abgeschlossene juristische oder volkswirtschaftliche Vorbildung verfügten. Dem vermochte Roeloffs formell nicht zu genügen, so daß er nur das Honorar eines nicht rechtsgelehrten Senators hätte beziehen können, das hinter dem des Syndikus erheblich zurückblieb.

Als Roeloffs am 1. 1. 1913 in den Ruhestand trat, folgte ihm der Dank des Senats nach, dem dieser in einem besonders warm gehaltenen Anerkennungsschreiben Ausdruck gab. Die Handelskammer verlieh ihm ihre höchste Auszeichnung, die goldene Medaille. Bei der Abschiedsfeier im Kreise der Behörde rühmte ihm deren Präses, Bürgermeister Dr. Schröder, nach, „daß er dem Beamtenkörper besonders eins gezeigt habe, nämlich, was es heißt, arbeiten." Das bezieht sich vor allem auf die Arbeitsmethode, aber auch auf den unendlichen Fleiß, mit dem Roeloffs allezeit beispielgebend voranging. Ein solcher erziehlicher Einfluß war um so wertvoller, als die Beamtenschaft zunächst noch recht bunt zusammengewürfelt war und keine Fachprüfungen kannte. Um die für die großen Arbeiten nötige Zeit und Ruhe zu finden, verbrachte Roeloffs noch zu meiner Zeit die meisten Sonntage in seinem stillen Arbeitszimmer in der vormals Schuldtschen Villa (Hohe Bleichen), die unter ihrem Erbauer ausgelassene Gelage gesehen hatte.

Noch über 15 Jahre lang konnte sich Roeloffs des otium cum dignitate erfreuen, und bis ans Ende bewahrte er sich die geistige Frische. Uns war es in diesen letzten Jahren einmal vergönnt, in Mölln mehrere Wochen mit ihm zu verbringen. Da griff er gern auf den Schatz seiner Erinnerungen zurück. Unvergeßlich sind mir die kleinen Waldwanderungen mit dem seltenen Manne, in dem Weisheit und Güte zu voller Harmonie zusammenklangen:

„Mit Euch, Herr Doktor, zu spazieren,
Ist ehrenvoll und ist Gewinn."

NACHWORT DES BEARBEITERS

Wilhelm *Adolf* Alfred Albert Buehl wurde am 25. November 1860 in Koblenz geboren[1]. Seine Eltern waren der Kaufmann Adolph Buehl (1821—1903) und dessen Ehefrau Emilie geb. Zentner (1827—1916). Der Vater betrieb in Koblenz zusammen mit einem Bruder die Weinhandlung A. Buehl & Co. Nachdem Adolf Buehl jr. im Vorschulalter von Hauslehrern in Lesen, Schreiben, Rechnen und Klavierspielen unterrichtet worden war, wurde er 1866 in die höhere evangelische Knabenschule seiner Geburtsstadt eingeschult. Drei Jahre später wechselte er auf das aus dem alten „Collegium Societatis Jesu" hervorgegangene Koblenzer Gymnasium über, wo er Ostern 1878 das Abiturientenexamen ablegte.

Auf Wunsch des Vaters, der ein Studium für seinen Sohn angemessener fand als den Eintritt in die Firma, ließ sich Buehl im Sommersemester 1878 an der Universität Heidelberg einschreiben, um Jura zu studieren. Zugleich wurde er im studentischen Corps Rhenania aktiv. Corpsleben und Corpsgeist blieben für die Entwicklung seiner Persönlichkeit nicht ohne Einfluß. Nach dem Sommersemester 1879 siedelte der junge Student nach Berlin über, um hier seiner Militärpflicht nachzukommen und sein Studium zu beenden. An seinem 21. Geburtstag bestand er das Referendarexamen. Er reiste dann nach Heidelberg und promovierte dort am 13. Januar 1882 zum Doctor juris utriusque, wobei er von der Möglichkeit Gebrauch machte, statt einer Dissertation zwei Textinterpretationen in lateinischer Sprache aus dem Bereich des zivilen und des kanonischen Rechtes zu liefern.

Nach über viereinhalbjähriger Referendarzeit in Koblenz und Köln wurde Buehl im Dezember 1886 unbesoldeter Assessor bei der Staatsanwaltschaft am Landgericht in Lüneburg. Diese Stellung hatte er bis 1890 inne, bis er als Staatsanwaltsgehilfe mit einem monatlichen Gehalt von 400 Mark in Hamburg angestellt wurde. Vor dem Senat leistete er am 25. Juli 1890 den hamburgischen Bürgereid und im Anschluß daran den Beamteneid. Seine feste Anstellung als Staatsanwalt erfolgte zum 1. Januar 1891. Außer in den üblichen Strafverfahren vertrat Buehl die Anklage auch in den Prozessen, die im Anschluß an die großen Arbeitskämpfe der neunziger Jahre in Hamburg eingeleitet wurden, und galt bei Sozialdemokraten bald als „einer der schärfsten Staatsanwälte beim hiesigen Landgericht"[2].

Auf die Dauer befriedigte die staatsanwaltliche Tätigkeit Buehl nicht, da er sich in ihr ständig mit den Schattenseiten des menschlichen Lebens befassen mußte. Beeinflußt von den Schriften Friedrich Naumanns, begann er nach einer beruflichen Veränderung zu suchen, durch die er konkret und positiv zur Lösung sozialer Probleme beitragen könnte. So bewarb er sich 1897 um die ausgeschriebene Stelle eines Direktors des öffentlichen Armenwesens in Hamburg, wobei neben den genannten Motiven zugegebenermaßen auch finanzielle Erwägungen eine Rolle spielten. Seine Bewerbung hatte Erfolg. In den folgenden acht Jahren leitete der Jurist die öffentliche hamburgische Armenfürsorge nach den von seinen Vorschlägen mitgeprägten Richtlinien des Armenkollegiums. Im großen und ganzen hatte er bei der Lösung seiner Aufgaben freie Hand. Er bemühte sich vor allem, die Fürsorge durch Auswertung und Anwendung der in Hamburg und andernorts gesammelten Erfahrungen zu vervollkommnen, die reibungslose Zusammenarbeit zwischen ehrenamtlicher und berufsamtlicher Verwaltung auszubauen, Effektivität und Sparsamkeit der Verwaltung zu erhöhen sowie engere Beziehungen zur privaten Wohlfahrtspflege anzuknüpfen, die nach seinen Vorstellungen die öffentliche Fürsorge ergänzen und entlasten sollte. Mit den etwa 1700 ehrenamtlichen Armenpflegern, von denen jeder 5 bis 6 Fälle zu betreuen hatte, suchte Buehl nach der Amtsübernahme ins Gespräch zu kommen, indem er in jedem der gut 100 Armenbezirke einen Vortrags- und Aussprachabend veranstaltete. Auch die breitere Öffentlichkeit trachtete er durch Vorträge und Publikationen für die Sozialarbeit zu interessieren. Solche Aktivitäten mögen mit dazu beigetragen haben, daß die Wahl auf Dr. Buehl fiel, als 1905 die Stelle eines Senatssekretärs neu zu besetzen war; zugleich dürfte er aber in Senator Sander und Syndicus Schaefer, die ihn von früher kannten, empfehlende Befürworter gehabt haben.

Über seine Eindrücke und Begegnungen im alten Senat hat Adolf Buehl in den oben abgedruckten Erinnerungen berichtet. Ergänzend sollen hier einige Angaben zu den ihm übertragenen Ämtern gemacht werden. 1905 wurde der neue Senatssekretär der Senatsabteilung II für Schul- Bau- und Justizangelegenheiten zugeteilt. Er blieb Präsidialmitglied im Armenkollegium, jetzt aber als Vorsitzender der Aufsichtsbehörde für die milden Stiftungen; außerdem wurde er Mitglied des Waisenhauskollegiums sowie Referent der Militärkommission des Senats und hatte eine Reihe weiterer kleinerer Referate wahrzunehmen. Im Jahre 1906 wurde er Präsidialmitglied der Oberschulbehörde und der Verwaltung des Gewerbeschulwesens (später Berufsschulbehörde). Beiden Behörden gehörte er unter den verschiedenen Präsides bis zu seiner Pensionierung 1928 ununterbrochen an. Auf Schulpolitik und -verwaltung lag mithin der Hauptakzent seiner Tätigkeit als membrum de Senatu. Daneben war er zeitweilig Mitglied der Senatskommission für die Justizverwaltung, der Gefängnisdeputation und der Militärkommission sowie Vorsitzender der Prüfungskommission für Einjährig-Freiwillige, für Büroassistenten und späterhin auch für Diplomhandelslehrer. Zum Bildungsbereich darf die 1920 geschaffene staatliche Kommission für Leibesübungen gerechnet werden, deren Vorsitz Buehl übernahm. Als im Oktober 1907 die Stelle eines Senatssyndicus frei wurde, rückte der Senatssekretär unter Beibehaltung seiner Aufgabenbereiche nach. Damit hatte Adolf Buehl die höchste hamburgische Beamtenposition errungen. Er bekleidete das Amt — seit der Verfassung von 1921 mit dem Titel „Staatsrat" — über zwanzig Jahre.

Als besonderen Reiz seiner Tätigkeit im Senat empfand er es, daß dieses Gremium sowohl die Funktionen einer Landesregierung als auch die der Verwaltung einer modernen Großstadt, also staatliche und kommunale Aufgaben gleichermaßen, wahrzunehmen hatte. Während sich Buehls Arbeit im Senat anfangs fast gleichwertig in Vorbereitung von Senatsentscheidungen und Tätigkeit in den Behörden teilte, verschob sich das Schwergewicht später zugunsten der letzteren, namentlich wegen der Umstrukturierung der Aufgabenkreise von Senat und Verwaltung nach der Revolution von 1918 und wegen wachsender Obliegenheiten des Staatsrates im Bereich des Schulwesens.

Adolf Buehls politische Grundeinstellung, die selbstverständlich in seinen Aufzeichnungen einen Niederschlag gefunden hat, läßt sich als konservativ im nationalliberalen Sinne charakterisieren. Er selbst schreibt dazu: „Entsprechend den Grundanschauungen meines elterlichen Hauses — mein Vater gehörte der alten Nationalliberalen Partei an — war mein Standpunkt der eines von starkem vaterländischen Empfinden getragenen gemäßigten Liberalismus."[3] Auf sozialpolitischem Gebiet näherten sich seine Vorschläge zum Teil nationalsozialen Vorstellungen an[4], während er bei der Ausarbeitung neuer Schulgesetze „maßvollen Fortschritt"[5] anstrebte. Den verfassungsmäßigen Neuerungen nach 1918, insbesondere dem Parlamentarismus, begegnete Buehl mit erheblichen Vorbehalten. Obwohl er sich wie die meisten Angehörigen seiner Gesellschaftsschicht von Vorurteilen gegen Sozialdemokratie und Sozialdemokraten nie ganz zu lösen vermochte, arbeitete er in seinen letzten Amtsjahren mit sozialdemokratischen Senatoren, vor allem mit Senator Emil Krause, loyal zusammen und fand 1935, als diese Politiker verfemt waren, anerkennende Worte für ihre Persönlichkeit und für ihr Wirken⁶. Die Loyalität vom alten auf den neuen Senat nach 1918 zu übertragen, fiel ihm aus zwei Gründen nicht sonderlich schwer. Zum einen war er der Auffassung, daß es die Pflicht eines Beamten sei, die von der rechtmäßigen Regierung gestellten Aufgaben — notfalls unter Zurückstellung abweichender politischer Überzeugung — zu erfüllen. Zum anderen hatte er nicht den Ehrgeiz, eigene politische Vorstellungen durchzusetzen, sondern hat sich grundsätzlich, „obwohl den höchsten politischen Beamten des hamburgischen Staates zugehörig, stets abseits des politischen Kampfes gehalten."⁷ Dem Nationalsozialismus stand Buehl zunächst ablehnend gegenüber. Wie viele national gesinnte Zeitgenossen glaubte er nach der Machtergreifung — damals bereits mehrere Jahre im Ruhestand lebend — dann doch eine Zeit lang, daß seine vaterländischen Idealvorstellungen unter Hitler der Verwirklichung näher gebracht werden könnten und das Deutsche Reich die „nationale Schmach" überwinden würde. Entschieden bezog er von Anfang an Stellung gegen Judenverfolgung, Terrorisierung politischer Gegner und Denunziantentum. Noch bevor die Auswirkungen der nationalsozialistischen Schreckensherrschaft und die Katastrophe des Zweiten Weltkrieges in allen Ausmaßen offen zutage lagen, erkannte der betagte Staatsrat a. D. den wahren Charakter der Diktatur.

Neben seinen dienstlichen Verpflichtungen erledigte Staatsrat Buehl eine ganze Reihe ehrenamtlicher Aufgaben in der Geschäftsführung und Verwaltung von Stiftungen, Vereinen und Verbänden. Trotz dieser und starker beruflicher Belastungen war er bemüht, am hamburgischen Kunst-, Musik- und Theaterleben teilzunehmen. Soweit es seine Zeit erlaubte, besuchte er mit seiner Frau Kunstausstellungen, Theateraufführungen, Konzerte und Opern, bevorzugt von Richard Wagner, und hörte Vorträge zur Kunst-, Literatur- und Geistesgeschichte. Als Rheinländer protestantischen Glaubens gehörten Adolf Buehl und seine Frau in der Heimat der unierten Kirche an. Deshalb lag es nahe, daß sie in Hamburg der Reformierten Gemeinde beitraten, mit deren Pastoren sie freundschaftlichen Verkehr pflegten. Frau Kaethe (Katharina Jakobine) Buehl geb. Brien (1862—1945) stammte wie ihr Mann aus Koblenz. Das Paar schloß am 5. Mai 1887 die Ehe und hatte drei Kinder, von denen eines bei der Geburt starb. Den Sohn Werner (1889—1964, Kaufmann) und die Tochter Armgard (1893—1970, Heilgymnastin) begleitete der Vater bis ins letzte Drittel ihres Lebensweges. Am 15. November 1948, seinem 88. Geburtstag, entschlief Staatsrat Dr. Adolf Buehl nach einem von persönlichen Erfolgen gekennzeichneten Berufsleben und einem durch die Wirren der Zeit keineswegs ruhigen Lebensabend.

*

Die oben abgedruckten Erinnerungen stammen aus einem in sich geschlossen Kapitel eines aus 13 Teilen bestehenden, über 500 Seiten starken Manuskript mit Aufzeichnungen zur Familiengeschichte und mit persönlichen Erinnerungen von Dr. Adolf Buehl. Der Verfasser plante ursprünglich eine Veröffentlichung des Gesamtwerkes und hatte mit Hilfe seines Sohnes bereits die Möglichkeit einer Drucklegung gefunden. Durch die Kriegsereignisse zerschlug sich das Vorhaben. 1947 deponierte Staatsrat Buehl einen Durchschlag des Manuskriptes im Staatsarchiv Hamburg.[8] Mit der Niederschrift erster Teile des Gesamtwerkes ist 1926 begonnen worden. Die Fortsetzung und Überarbeitung erfolgte in den dreißiger und Anfang der vierziger Jahre. Als druckreif bezeichnete der Autor die Arbeit 1944,[9] doch hat er unter dem Eindruck des Kriegsausganges 1946 eine neuerliche Überarbeitung und einen Nachtrag vorgenommen.[10] Die nicht zustande gekommene Drucklegung dürfte als Manuskriptdruck für den engeren Familienkreis beabsichtigt gewesen sein, denn viele der mitgeteilten familiären Ereignisse sind für eine breitere Öffentlichkeit ohne sonderlichen Belang. Aus diesem Grunde und wegen der vielen überholten zeitbedingten Reflektionen ist das Gesamtmanuskript zur Veröffentlichung als historische Quelle ungeeignet. Der oben abgedruckte Teil darf indes allgemeineres historisches Interesse beanspruchen.

Dieser jetzt unter dem Titel „Aus der alten Ratsstube. Erinnerungen 1905—1918" veröffentlichte Teil besteht aus den Hauptabschnitten des ursprünglichen Kapitels „Aus der Ratsstube 1905—1928". In jenem Kapitel wollte der Verfasser festhalten, „was nicht in den Akten zu lesen ist, sondern in Brauch und Überlieferung sich forterbte".[11] Für die Zeit vor 1918 ist ihm das gelungen. Seine diesbezüglichen Ausführungen besitzen Quellencharakter und bringen manche bisher unbekannte Nachricht. Die im Vergleich dazu verhältnismäßig kurzgefaßten Mitteilungen über die Jahre 1918—1928 bieten dagegen keine neuen Aspekte zum besseren Verständnis der Zeit oder zur Erhellung einzelner Vorgänge, so daß ihr Abdruck nicht gerechtfertigt ist. Die Veröffentlichung, die mit freundlicher Genehmigung von Frau Antje Grau in Hamburg, der Enkelin des Verfassers, erfolgt, beschränkt sich deshalb auf die Aufzeichnungen über die Epoche vor 1918.

Als Vorlage für den Druck dienten zwei maschinenschriftliche Ausfertigungen, die sich im Staatsarchiv Hamburg befinden.[12] Eine stammt von 1935, die zweite ist eine 1943—1946 vorgenommene Überarbeitung der ersten. Beide weichen geringfügig voneinander ab. Wiedergegeben ist die jeweils präzisere bzw. ausführlichere Fassung. Meistens ist sie in der jüngeren Ausfertigung enthalten. Wegen der Beschränkung auf die Zeit vor 1918 sind konsequenterweise auch einzelne Vorgriffe auf die Nachkriegszeit im

Text ausgelassen worden. Nicht aufgenommen sind außerdem einzelne belanglose Einschübe mit Anspielungen auf die Entstehungszeit der Erinnerungen und wenige zu persönlich geratene Passagen. Alle Auslassungen sind durch ... gekennzeichnet.

Der Text ist unter Beibehaltung individueller Besonderheiten (z. B. Ausfall von e zwischen r und n) normalisiert worden. Offensichtliche orthographische Versehen und Tippfehler sind — auch bei Namen — bereinigt, weniger gebräuchliche Abkürzungen aufgelöst. Gekürzte Buchtitel sind stillschweigend so vervollständigt, daß sie bibliographisch zu ermitteln sind. Alle sonstigen Ergänzungen durch den Bearbeiter sind in [ ] gesetzt.

Erläuterungen zum Text erschienen nicht notwendig. Angaben zu erwähnten Personen werden im Personenregister gemacht.

Anmerkungen:

[1] Die folgenden Ausführungen zur Biographie fußen, wenn nichts anderes angegeben wird, auf den Lebenserinnerungen Buehls (Staatsarchiv Hamburg, Familie Buehl Nr. 1, S. 177—281, und Nr. 2c).
[2] Hamburger Echo vom 11. 4. 1897, S. 2.
[3] Staatsarchiv Hamburg, Familie Buehl Nr. 2c, S. 113 f.
[4] Vgl. z. B. oben S. 9.
[5] Staatsarchiv Hamburg, Familie Buehl Nr. 2c, S. 58.
[6] Ebenda Nr. 2d, S. 89—95.
[7] Ebenda Nr. 2c, S. 113.
[8] Ebenda Nr. 1.
[9] Ebenda Nr. 3, Brief von Buehl an Dr. Paul Theodor Hoffmann vom 20. 8. 1944.
[10] Ebenda Nr. 1, S. 258—281.
[11] Ebenda Nr. 2d, S. 8, bzw. Nr. 1, S. 313.
[12] Ebenda Nr. 1, S. 309—361, und Nr. 2d.

PERSONENREGISTER

An Abkürzungen werden verwendet:
A. B. = Staatsrat Dr. Adolf Buehl
Bgm. = Bürgermeister
MdB = Mitglied der Bürgerschaft
MdR = Mitglied des Reichstages (einschl. des Norddeutschen Reichstages und der Weimarer Nationalversammlung)
Die Amtsbezeichnungen „Bgm.", „Senator", „Senatssyndicus" usw. beziehen sich, wenn nichts anderes gesagt ist, immer auf Hamburg. Bei Personen, die nicht namentlich genannt werden, sondern nur in Umschreibung vorkommen (z. B. A. Buehls Vater, Bgm. Predöhls Frau etc.), wird der Fundort in [ ] gesetzt.

Aegidi, Ludwig Karl (1825–1901), Dr. jur., Publizist, Professor u. a. der Geschichte am Akademischen Gymnasium in Hamburg 1859–1868, des Staatsrechts in Bonn 1868–1871 und der Rechte in Berlin ab 1877, Legationsrat im Auswärtigen Amt 1871–1877, MdR 1867–1871 48

Albrecht & G. Hertz Dres., Anwaltbüro 47

Beneke, Otto Adalbert (1812–1891), Dr. jur., Archivar und Senatssekretär 1863–1891 3, 22

Bismarck, Fürst Otto von (1815–1898), preußischer Ministerpräsident ab 1862, Reichskanzler 1871–1890 49–51

Bitter, Karl Hermann (1813–1885), preußischer Finanzminister 50

Braband, Carl Julius (1870–1914), Dr. jur., Rechtsanwalt, MdB 1904–1914, MdR 1912–1914 9

Buehl, Adolph (1821–1903), Kaufmann, Vater von A. B. 53, [55]

Buehl, Armgard (1893–1970), Heilgymnastin, Tochter von A. B. 56

Buehl, Emilie geb. Zentner (1827–1916) Mutter von A. B. 53

Buehl, Kaethe (Katharina Jakobine) geb. Brien (1862–1945), Ehefrau von A. B. 56

Buehl, Werner (1889–1964), Kaufmann, Sohn von A. B. 56, [57]

Burchard, Emily geb. Amsinck (1858–1931), Ehefrau von Johann Heinrich B. [39], [41]

Burchard, Johann Heinrich (1852–1912), Dr. jur., Dr. theol., Rechtsanwalt, MdB 1884–1885, Senator 1885–1912, ab 1902 mehrfach 1. und 2. Bgm. 4, [8], 22, 29, 37 f., *39–42*, 44

Diestel, Arnold (1857–1924), Dr. jur., Senatssyndicus 1899–1908, Senator 1908–1924, 1. Bgm. 1920–1924 33

Ebert, Friedrich (1871–1925), Sattler, Redakteur, Parteisekretär, MdR 1912–1918, Reichspräsident 1919–1925 34

Eckardt, Julius von (1836–1908), Dr. phil., Redakteur, Senatssekretär 1874–1882, deutscher Generalkonsul in Tunis 1885–1906 47, 49

Franz Joseph I. (1830–1916), Kaiser von Österreich 1848–1916, König von Ungarn 1867–1916 40

Garrels, Hinrich Johann (1855–1920), Kaufmann, MdB 1904–1917, Senator 1917–1920 21, 34 f.

Grau, Antje geb. Buehl, Enkelin von A. B. 57

Haase, Hugo (1863–1919), Rechtsanwalt, MdR 1897–1907 u. 1912–1919, Volksbeauftragter 1918 35

59

Hachmann, Gerhard (1838–1904), Dr. jur., Rechtsanwalt, MdB 1868–1885, davon Präsident 1877–1885, Senator 1885–1904, ab 1900 mehrfach 1. und 2. Bgm.   10 f., 44, 46

Hertz, G. siehe Albrecht

Heydorn, Heinrich Wilhelm Karl Eduard (1873–1958), Pastor   41

Hoffmann, Paul Theodor (1891–1952), Dr. phil., Redakteur, Altonaer Stadtarchivar, Theaterwissenschaftler   58 Anm. 9

Hunzinger, August Reinhold Emil Wilhelm (1871–1920), Pastor, Hauptpastor an St. Michaelis in Hamburg 1912–1920   40

Kirchenpauer, Gustav Heinrich (1808–1887), Dr. jur. und Dr. phil. h. c., Rechtsanwalt, Senator 1843–1887, ab 1868 mehrfach 1. und 2. Bgm.   48 f.

Krause, Emil (1870–1943), Lehrer, Redakteur, MdB 1907–1933, Senator 1919–1933   55

Lattmann, Johannes August (1858–1936), Kaufmann, Senator 1912–1919   33

Lehmann, Johannes Christian Eugen (1826–1901), Dr. jur., Rechtsanwalt, später Richter, MdB 1859–1862 und 1864–1868, davon Präsident 1867–1868, Senator 1879–1900, 1. Bgm. 1895 und 1898, 2. Bgm. 1894   6

Leib, Alwine Wilhelmine Johanna geb. Ritzel (1856–1934), Ehefrau von Friedrich Carl Otto L.   [28]

Leib, Friedrich Carl Otto (1848–1924), Rathausinspektor in Hamburg   3 f., 23, 28, 30

Lichtwark, Alfred (1852–1914), Kunsthistoriker und Kunstpädagoge, Direktor der Hamburger Kunsthalle 1886–1914   20, 24

Lütcke & Wulff, Buchdruckerei   7

Melle, Werner von (1853–1937), Dr. jur., Senatssyndicus 1891–1900, Senator 1900–1921, 1. Bgm. 1915 und 1918–1919, 2. Bgm. 1914 und 1917   35, *44–46*

Merck, Carl Hermann (1809–1880), Dr. jur., Senatssekretär 1843–1847, Senatssyndicus 1847–1880   23

Mönckeberg, Elise Mathilde geb. Tesdorpf (1846–1923), Ehefrau von Johann Georg M.   [38 f.]

Mönckeberg, Johann Georg (1839–1908), Dr. jur., Rechtsanwalt, MdB 1871–1876, Senator 1876–1908, ab 1889 mehrfach 1. und 2. Bgm.   1, 4, 6, [8], 9, 22, *36–39*, 40–42

Möring, Carl Philipp Ferdinand (1818–1900), Kaufmann, MdB 1859–1861, Senator 1861–1900   24

Münsterberg, Emil (1855–1911), Dr. jur., Bgm. in Iserlohn 1890–1892, Reorganisator des Hamburger Armenwesens 1892–1896, Dezernent für Armenwesen und Stadtrat in Berlin 1896–1911   1, 46

Mumssen, Emil Max Gotthold Augustus (1871–1939), Dr. jur., Rechtsanwalt, später Syndikus der Hamburg-Amerika-Linie, MdB 1907–1909, Senator 1909–1918, nach 1918 Direktor der Hamburger Hochbahn AG   21

Naumann, Friedrich (1860–1919), Pastor, Schriftsteller, liberaler Politiker, MdR 1907–1919   35, 54

O'Swald, William Henry (1832–1923), Kaufmann, MdB 1866–1869, Senator 1869–1912, 2. Bgm. 1908–1909   2, 38, 44

Petersen, Carl Wilhelm (1868–1933), Dr. jur., Rechtsanwalt, MdB 1899–1918 und 1921–1933, MdR 1919–1924, Senator 1918–1933, 1. Bgm. 1924–1929 und 1932–1933, 2. Bgm. 1930–1931   9, 12, 21, 34 f.

Predöhl, Clara Elisabeth geb. Amsinck (1864–1945), Ehefrau von Max P. [43]
Predöhl, Max (1854–1923), Dr. jur., Rechtsanwalt, MdB 1888–1893, Senator 1893–1919, ab 1910 mehrfach 1. und 2. Bgm. 41, *42–44*, 46
Rodatz, Johannes Anton (1866–1926), Kaufmann, MdB 1904–1914, Senator 1914–1919 21, 34
Roeloffs, Hugo Amandus (1844–1928), Senatssekretär 1882–1889, Senatssyndicus 1889–1912 10, 23, *46–52*
Roscher, Eduard Wilhelm Ludwig Heinrich (1838–1929), Kaufmann, MdB 1871–1880 und 1883–1888, Senator 1888–1909 19
Sander, Heinrich Christian (1853–1934), Landgerichtsdirektor, MdB 1902–1904, Senator 1904–1919 54
Schaefer, Bruno Luis (1860–1945), Dr. jur., Landgerichtsdirektor, Senatssyndicus 1900–1907, Senator 1907–1920, ab 1920 Präsident des Landesfinanzamtes Unterelbe 8, 54
Schönauer, Alexander (1871–1955), Goldschmied und Kunstgewerbelehrer 28
Schröder, Carl August (1855–1945), Dr. jur., Dr. med. h. c., Rechtsanwalt, MdB 1886–1899, 1921–1932 und 1933, Senator 1899–1919, ab 1910 mehrfach 1. und 2. Bgm. 51
Schuldt, Abraham Philipp (1807–1892), Privatier, Stifter des Abraham-Philipp-Schuldt-Wohnstiftes, Besitzer einer inzwischen abgebrochenen Villa an den Hohen Bleichen 52

Sieveking, Karl (1863–1932), Dr. jur., Verwaltungsjurist, Gesandter der drei Hansestädte in Berlin 1913–1920 34
Soetbeer, Adolf (1814–1892), Dr. phil., Dr. jur., Bibliothekar, Sekretär der Commerzdeputation in Hamburg, ab 1872 Honorarprofessor für Staatswissenschaften in Göttingen 48
Tesdorpf, Adolph (1811–1887), Kaufmann, Senator 1852–1864 38
Tesdorpf, Peter Hinrich (1648–1723), Lübecker Bgm. 39
Tettenborn, Carl August (1858–1938), Dr. jur., Oberbgm. von Altona 1905–1909 [41]
Tettenborn, Marie Anna geb. Fritsch (* 1866, † wahrscheinlich 1945), Ehefrau von Carl August T. [41]
Traun, Heinrich (1838–1909), Dr. phil., Fabrikant, MdB 1873–1877, Senator 1901–1908 9
Versmann, Johannes Georg Andreas (1820–1899), Dr. jur., Rechtsanwalt, MdB und deren Präsident 1859–1861, Senator 1861–1899, ab 1887 mehrfach 1. und 2. Bgm. 28, 47 f., 49
Vogel, Hugo (1855–1934), Maler 37
Wagner, Richard (1813–1883), Komponist 56
Wiesinger, Eduard Ludwig Gotthilf (1859–1942), Kaufmann, MdB 1910–1917, Senator 1917–1919 21, 34
Wilhelm II. (1859–1941), Deutscher Kaiser 1888–1918 [28], 29 f., 39 f.
Wolffson, Albert Martin (1847–1913), Dr. jur., Rechtsanwalt, MdB 1880–1910 27
Wulff siehe Lütcke

PUBLIKATIONEN DES VEREINS FÜR HAMBURGISCHE GESCHICHTE
– soweit nicht vergriffen –
Veröffentlichungen des Vereins für Hamburgische Geschichte

Band
- 2 Fritz Schumacher, Wie das Kunstwerk Hamburg nach dem großen Brande entstand. 2. Auflage Hamburg 1969. DM 15,–
- 15 Caspar Vogt und sein Hamburger Freundeskreis. Briefe aus einem tätigen Leben
   - Teil I: Briefe aus den Jahren 1792 bis 1821 an Magdalena Pauli, geb. Poel. Bearbeitet von Kurt Detlev Möller. Aus seinem Nachlaß herausgegeben von Annelise Tecke. Hamburg 1959. DM 12,50
   - Teil II: Briefe aus den Jahren 1785 bis 1812 an Johanna Margaretha Sieveking, geb. Reimarus. Bearbeitet von Annelise Tecke. Hamburg 1964. DM 24,–
   - Teil III: Reisejournal 1807/09. Bearbeitet von Annelise Tecke. Hamburg 1967. DM 24,–
- 16 Hildegard von Marchtaler, Aus Alt-Hamburger Senatorenhäusern. Familienschicksale des 18. und 19. Jahrhunderts. Hamburg 1959. DM 18,50
- 17 Karl Veit Riedel, Friedrich Johann Lorenz Meyer 1760–1844. Ein Leben in Hamburg zwischen Aufklärung und Biedermeier. Hamburg 1963. DM 18,–
- 18 Hans-Dieter Loose, Hamburg und Christian IV. von Dänemark während des Dreißigjährigen Krieges. Ein Beitrag zur Geschichte der hamburgischen Reichsunmittelbarkeit. Hamburg 1963. DM 18,–
- 19 Leo Lippmann, Mein Leben und meine amtliche Tätigkeit. Erinnerungen und ein Beitrag zur Finanzgeschichte Hamburgs. Hamburg 1964. DM 28,50
- 21 Walter Grab, Demokratische Strömungen in Hamburg und Schleswig-Holstein zur Zeit der ersten französischen Republik. Hamburg 1966. DM 24,–
- 22 Hans Georg Schönhoff, Hamburg im Bundesrat. Hamburg 1967. DM 18,–
- 23 Helmut Washausen, Hamburg und die Kolonialpolitik des Deutschen Reiches 1880–1890. Hamburg 1968. DM 24,–
- 24 Percy Ernst Schramm, Gewinn und Verlust. Die Geschichte der Hamburger Familien Jencquel und Luis (16. bis 19. Jahrhundert). Hamburg [1970] DM 25,–

Vorträge und Aufsätze

Heft

7 Jürgen Bolland, Senat und Bürgerschaft. Über das Verhältnis zwischen Bürger und Stadtregiment im alten Hamburg. Hamburg 1954. DM 1,50
8 Günther Elgnowski, Geistliche Musik im alten Hamburg. Die Geschichte der Orgel des Heilig-Geist-Hospitals später der Martinskirche zu Cuxhaven-Ritzebüttel. Hamburg 1961. DM 9,60
9 Hildamarie Schwindrazheim, Hamburger Weihnachtswünsche aus dem 18. und 19. Jahrhundert. Hamburg 1961. DM 7,80
10 Hans Oppermann, Johannes Gurlitt (1754–1827). Hamburg 1962. DM 2,25
11 Hans Joachim Schoeps, Gabriel Riesser und der Weg des deutschen Judentums. Hamburg 1963. DM 2,25
12 Gerhard Langmaack, Fritz Schumacher – Carl Friedrich Reichard. Hamburg 1964. DM 3,60
14 Hans Oppermann, Die Hamburgische Schulordnung Bugenhagens. Hamburg 1966. DM 3,60
15 Carl Melchior. Ein Buch des Gedenkens und der Freundschaft. Tübingen 1967. DM 16,80
16 Gerhard F. Kramer und Erich Lüth, Salomon Heine in seiner Zeit. Gedenkreden zu seinem 200. Geburtstag. Hamburg 1968. DM 3,60
17 Renate Hauschild-Thiessen, Die ersten Hamburger im Goldland Kalifornien. Hamburg 1969. DM 7,80
18 Erich Lüth/Hans-Dieter Loose, Bürgermeister Carl Petersen 1868–1933. Hamburg 1971. DM 12,–
19 Adolf Buehl, Aus der alten Ratsstube, Erinnerungen 1905–1918. Bearbeitet von Hans-Dieter Loose. Hamburg 1973. DM 12,–

Beiträge zur Geschichte Hamburgs

Band

1 Gerhard Ahrens, Caspar Voght und sein Mustergut Flottbek. Hamburg 1969. DM 15,–
2 Hermann Rückleben, Die Niederwerfung der hamburgischen Ratsgewalt. Kirchliche Bewegungen und bürgerliche Unruhen im ausgehenden 17. Jahrhundert. Hamburg 1970. DM 15,–
3 Rainer Ramcke, Die Beziehungen zwischen Hamburg und Österreich im 18. Jahrhundert. Hamburg 1969. DM 15,–
4 Martin Reißmann, Die hamburgische Kaufmannschaft des 17. Jahrhunderts in sozialgeschichtlicher Sicht. (Erscheint in Kürze) DM 15,–

Band

5 Dieter Klemenz, Der Religionsunterricht in Hamburg von der Kirchenordnung von 1529 bis zum staatlichen Unterrichtsgesetz von 1870. Hamburg 1971. DM 15,–

6 Klaus Richter, Untersuchungen zur Hamburger Wirtschafts- und Sozialgeschichte um 1300 unter besonderer Berücksichtigung der städtischen Rentengeschäfte 1291–1330. Hamburg 1971. DM 15,–

7 Peter Gabrielsson, Struktur und Funktion der Hamburger Rentengeschäfte in der Zeit von 1471 bis 1490. Ein Beitrag zur Wirtschafts- und Sozialgeschichte der nordwestdeutschen Stadt. Hamburg 1971. DM 15,–

8 Wolfgang Berger, Das St.-Georgs-Hospital zu Hamburg. Die Wirtschaftsführung eines mittelalterlichen Großhaushalts. Hamburg 1972. DM 15,–

9 Hans-Joachim Wenner, Handelskonjunkturen und Rentenmarkt am Beispiel der Stadt Hamburg um die Mitte des 14. Jahrhunderts. Hamburg 1972. DM 15,–

10 Birgit Gelberg, Auswanderung nach Übersee. Hamburg 1973. DM 15,–

Hamburg im Kartenbild der Vergangenheit

Farbdrucke im Format 53,5 cm x 41,5 cm oder 53,5 cm x 83,0 cm

Stadtprospekt von 1589
 Farbdruck des handkolorierten Kupferstichs von Johannes Janssonius. DM 7,50

Stadt und Festung Harburg nebst Umgebung 1772
 Farbdruck der Handzeichnung von J. L. Hogreve und C. G. Pape. DM 9,–

Hamburg und Umgebung 1741
 Farbdruck der Handzeichnung von G. F. Hartmann. DM 9,–

Geometrischer Grundriß der Stadt Altona 1736
 Farbdruck der Handzeichnung von Christian Gottlieb Dilleben. DM 9,–

Schmuckkober zur Kartenverwahrung. DM 2,50

Sonstiges

Bücherkunde zur hamburgischen Geschichte
 Teil I Verzeichnis des Schrifttums der Jahre 1900–1937 von Kurt Detlev Möller und Annlise Tecke. Hamburg 1939. DM 20,–
 Teil II Verzeichnis des Schrifttums der Jahre 1938–1954 von Annelise Tecke. Hamburg 1956. DM 16,–
 Teil III Verzeichnis des Schrifttums der Jahre 1955–1970 von Annelise Tecke. Hamburg 1971. DM 24,–